L'ALGÉRIE

AU POINT DE VUE DE L'ÉCONOMIE SOCIALE

PAR

E. LACANAUD

DIRECTEUR DE « LA DÉPÊCHE ALGÉRIENNE »

ALGER-MUSTAPHA

GIRALT, IMPRIMEUR-PHOTOGRAVEUR

Rue des Colons, 17

—

1900

L'ALGÉRIE

AU POINT DE VUE DE L'ÉCONOMIE SOCIALE

L'ALGÉRIE

AU POINT DE VUE DE L'ÉCONOMIE SOCIALE

PAR

E. LACANAUD

DIRECTEUR DE « LA DÉPÊCHE ALGÉRIENNE »

ALGER-MUSTAPHA

GIRALT, IMPRIMEUR-PHOTOGRAVEUR

Rue des Colons, 17

1900

L'ALGÉRIE

AU POINT DE VUÉ DE L'ÉCONOMIE SOCIALE

L'ALGÉRIE AVANT 1830

La domination turque. — Organisation politique et sociale.
— Les impôts. — Le commerce extérieur ; les tributs des
Etats européens. — Le commerce intérieur. — L'industrie.

Quand la France entreprit l'expédition d'Alger, la
Régence était en pleine décadence ; depuis de longues
années déjà, les éléments de guerre, qui assuraient
seuls les revenus du gouvernement des deys, diminuaient sans cesse. Au dix-septième siècle, d'après
les historiens, la milice d'Alger était forte d'environ
vingt-deux mille hommes ; au siècle suivant, on ne
mentionne plus que cinq mille janissaires ; en 1817
on n'en compte plus que 3,200 dont un tiers de vété-
rans et d'invalides. Les deys leur adjoignent alors
les colourlis et deux bataillons de zouaouas, composés
chacun de cinq cents Kabyles. Plus tard, quand la
France poursuivra la conquête de la Régence, ces
mêmes zouaouas formeront l'origine de nos admi-
rables régiments de zouaves.

La population de la Régence, elle aussi, a diminué
dans de grandes proportions, décimée par la peste et

les famines fréquentes ; le P. Dan estime la population d'Alger, en 1634, de cent mille âmes ; elle n'est plus en 1830 que de trente mille.

Les renégats furent longtemps une des principales forces du gouvernement local ; au dix-septième siècle, ils étaient au nombre de vingt mille. selon Haëdo, de douze mille, selon Gramaye. En 1769, il en reste deux ou trois cents seulement.

En ce qui concerne les captifs, le P. Dan en a vu 25,000 ; Gramaye, 35,000 ; au milieu du dix-huitième siècle, il y en a 3,000 à peine.

Les Turcs se sont établis au milieu des Arabes par la ruse et sont parvenus à les dominer par la violence, en s'aidant de tous les moyens familiers à la politique orientale. C'est ainsi qu'ils suivirent une politique fort adroite avec les marabouts, auxquels leur caractère religieux valait une autorité morale assez grande chez les indigènes. Les Turcs n'essayèrent point de se les attacher par des liens officiels, craignant de leur faire perdre ainsi la confiance des indigènes ; mais ils les entourèrent de témoignages de respect, ne négligeant pas de rémunérer généreusement les services rendus, ni de châtier implacablement les démonstrations hostiles. Ils s'acquirent ainsi un concours secret qui leur fut maintes fois des plus utiles et qui leur permit d'exercer le pouvoir avec des forces relativement minimes. Ce pouvoir, d'ailleurs, se bornait à l'hommage et à la perception du tribut, et les Turcs n'arrivèrent jamais à avoir leur autorité sur la Kabylie proprement dite ; les forts qu'ils construisirent ne purent être portés assez loin dans le pays. Les montagnards se soustrayaient autant que possible à toute obligation. La grande Kabylie vécut dans un état d'insurrection presque permanent ; les tribus du Dahra, loin de payer l'impôt, harcelaient tous les ans l'escorte qui ramenait à Oran le produit de l'impôt ; il en était de même dans l'Aurès et à peu de distance d'Alger. à El-Affroun, la colonne de retour du recouvrement de l'impôt était régulièrement attaquée par les Soumatas.

Bref, les Turcs occupaient la Régence, mais ils ne la gouvernaient pas.

Les tribus étaient astreintes à la soumission, à l'impôt et au service militaire. La soumission se traduisait par le présent d'hommage ; l'impôt était perçu par le chef indigène qui le versait entre les mains du gouverneur de la province, et le service militaire, qui n'était exigé qu'en temps de guerre, s'acquittait par l'envoi de contingents plus ou moins nombreux.

Le commandement était exercé par les beyliks de l'Est, du Sud et de l'Ouest ; les beys possédaient un pouvoir presque absolu, ils devaient maintenir la paix intérieure et assurer le recouvrement de l'impôt. Les caïds étaient sous leurs ordres.

Les beys entretenaient des garnisons dans tous les points fortifiés et prenaient à leur service des tribus belliqueuses, qui contractaient, en échange de certains avantages, l'obligation de prendre les armes au premier signal ; elles constituaient le Maghzen. L'opération du recouvrement de l'impôt, toujours difficile, s'effectuait, tous les ans, à la fin du printemps. Mais les beys avaient alors besoin d'un concours armé. Trois petites armées partaient alors d'Alger, le

Maghzen se joignait à elles. Ces forces réunies châtiaient les infractions qui avaient pu être commises et réprimaient les velléités d'indépendance. Chaque caïd était tenu de réunir à l'avance les contributions dues par le groupe qu'il commandait. L'expédition durait environ quatre mois. Ces colonnes ne rapportaient pas toujours intact, à Alger, le produit de l'impôt ; bien souvent elles étaient attaquées en route par les montagnards qui réussirent, plus d'une fois, à les dépouiller.

Les redevances exigées des indigènes se divisaient en deux classes : l'*achour* (dixième), auquel tout le monde était soumis, et la *moûna*, qui ne frappait que les raïas ; tous deux se percevaient en proportion directe de la production.

La moûna était des plus vexatoires. en raison de la variété et de la multiplicité des taxes individuelles, qui devaient se solder partie en argent, partie en nature. La fiscalité turque n'avait laissé échapper aucune matière imposable, toute chose se trouvait frappée d'un droit, jusqu'à la quittance même qui constatait le paiement. Les indigènes payaient, en outre, des *aouaïd* ou impôts de coutume, variant d'un groupe à un autre. Ces charges, déjà fort lourdes, se multipliaient par le mode de perception, en passant entre les mains des agents des caïds, puis entre celles de ce chef lui-même, avant d'être remises au trésorier du bey, sorte de fermier général, auquel il n'était demandé aucun compte des moyens employés, pourvu qu'il accomplit le versement annuel aux époques désignées.

Les exigences du Trésor public allaient toujours

en augmentant, en même temps que diminuaient les
grands revenus dont la Régence avait été jadis enri-
richie par la course ou par les tributs prélevés sur les
petits Etats européens ; la misère devenait de plus
en plus générale. des villes autrefois commerçantes et
prospères disparaissaient, des régions jadis fertiles
revenaient à l'état de désert ; des peuplades fixées
au sol redevenaient nomades pour échapper plus facilement à l'oppression du vainqueur ; toutes se tenaient
prêtes à la révolte qui n'eut pas manqué d'éclater si
un chef habile s'était trouvé pour donner un peu
d'homogénéité aux éléments de lutte. Les Turcs ne
durent la conservation de leur pouvoir qu'aux divi-
sions incessantes de leurs sujets, complètement
rebelles par nature à tout sentiment d'union ou de
nationalité.

Malgré un odieux arbitraire et l'instabilité la plus
déplorable dans l'administration et les affaires, les
besoins de la population entretenaient un peu de
commerce sur la côte d'Afrique ; des négociants européens s'étaient même établis dans la Régence. Sur la
fin du dix-septième siècle, une compagnie française
s'était organisée pour exploiter l'Est de la province
d'Alger. En 1632, le bastion de France, La Calle et un
petit poste au cap Rose, formaient ce qu'on appelait
alors les concessions d'Afrique ; la colonie s'y livrait
à la pêche du corail et payait certaines redevances au
gouvernement algérien. Quelques maisons fondées à
Tunis, à Bône et à Alger, font avec Livourne et Marseille des échanges relativement importants.

Des tableaux dressés par Shaler, en 1822, c'est à
dire huit ans avant la conquête, indiquent les chiffres

des importations et des exportations pour toute la Régence.

Importations... .... 6.060.000 fr.
Exportations .... 1.474.000 fr.

Ces chiffres se décomposent comme suit :

Importations :

	francs
De l'Angleterre, produits manufacturés	2.700.000
De l'Espagne, soieries, poivre, cafés, etc.	1.200.000
De la France, sucre, café, poivre, métaux, étoffes, etc.	1.080.000
Du Levant, soie brute et manufacturée	540.000
De France et d'Italie, bijoux, objets de fantaisie, etc.	540.000

Exportations :

Laines	864.000
Peaux........................	432.000
Cire........................	97.000
Plumes d'autruches et divers..........	81.000

L'exportation du blé était généralement prohibée pour éviter la disette.

Tout bâtiment marchand d'infidèles venant à Alger payait un droit d'ancrage de 15 réal (9 fr.) ; d'autres fois de 30 réal.

Les marchandises venant de Livourne, de France et de toutes les villes de commerce des infidèles payaient les droits suivants : 10 0/0 au beylik, 1 et 1 1/2 0/0 à l'amin, 1 0/0 à la porte de la marine.

Tout ce qui provenait des pays ennemis, tels que l'Espagne, la Hollande, Gênes, Malte et autres, sans en excepter la rançon des prisonniers et l'argent des négociants, payait au Trésor un droit de 50 réal (30 fr.) par mille réal (600 fr.)

L'argent apporté pour former la rançon des captifs payait au beylik un droit de 5 réal (3 fr.) par 100 réal (60 fr.) Il convient de rappeler aussi que pour préserver de toute insulte leurs navires, les puissances de l'Europe payaient aux maîtres d'Alger divers tributs, évalués ainsi qu'il suit :

Deux-Siciles, tribut 128.400 fr., présents, 107.000 fr.

Toscane, en présents, 132.750 fr.

Sardaigne, 120.000 fr. par changement de consul, c'est-à-dire à peu près de trois ans en trois ans.

Portugal, 235.000 fr.

Espagne, 150.000 fr. par changement de consul, c'est-à-dire 50.000 fr. par an.

Angleterre, par an, 15.120 fr.

Hollande, par an, 40.000 fr.

Hanovre et Brême, par an, 15.120 fr.

Suède et Danemark, en munitions, etc., 21.400 fr. à la rénovation décennale.des traités, 53.500 fr., soit par an, 5.350 fr. en tout par an, 15.120 fr.

Etats-Unis, par an, 15.120 fr.

La France seule, avec Rome et l'Autriche, ne payaient rien ; toutefois elles donnaient des *régals*, présents personnels aux deys et à ses principaux fonctionnaires, lesquels déguisaient à peine un hommage politique à la puissance barbaresque.

Un certain commerce intérieur exista aussi sous les Turcs.

Des caravanes pénétraient dans l'Afrique centrale. Les marchands d'Alger allaient à Constantine, Mascara, Médéa ; ceux de Constantine visitaient Tunis, où ils vendaient des dattes, de la laine, des peaux ouvrées ou préparées, des plumes d'autruche, des gommes, de la poudre d'or ; ils en rapportaient des étoffes brodées, des châles pour turbans, des essences, des armes de luxe, etc.

L'industrie, dans la Régence, était dans l'enfance. Rien ou presque rien ne s'y faisait pour l'exportation et tout se bornait à la fabrication, généralement grossière, des objets nécessaires à la consommation locale.

Cependant, Alger renfermait des marchands de toute espèce qui fabriquaient et vendaient tous les objets à l'usage des Turcs et des Maures. Les brodeurs, orfèvres et bijoutiers s'y rencontraient en grand nombre. Deux petits faubourgs, dont l'un était à la porte Bab-el-Oued et l'autre à celle de Bab-Azoun, étaient remplis de tailleurs de pierre ou sculpteurs du pays, de taillandiers, serruriers et maréchaux. Mais les choses les plus simples étaient sans goût, sans art, sans solidité ; une grossière représentation était tout ce que pouvaient produire les artisans qui tenaient même, pour la plupart, toutes leurs connaissances des esclaves européens.

L'ALGÉRIE ACTUELLE

ETHNOGRAPHIE

L'ethnographie trouve en Algérie les éléments suivants : 1º les Berbères proprement dits ; 2º les Berbères arabisés ; 3º les Arabes ; 4º les Algériens ; 5º les Juifs. Quant aux nègres et aux Coulouglis, métis issus des Turcs et des femmes indigènes, ils sont très peu nombreux. Le nombre des mulâtres est assez considérable, mais ils sont en général assez disséminés dans la masse de la population et ne forment pas de groupes compacts. C'est chez les habitants des oasis du Sud qu'on rencontre la plus grande proportion de sang noir. Les Coulouglis n'ont jamais été répandus que dans les villes où il y avait une garnison turque.

Races indigènes

Les *Berbères* actuels seraient les représentants des Numides. Il existe une parenté entre les Berbères et les Touareg ; ils parlent la même langue et tout semble prouver qu'ils appartiennent à une seule et même race autochtone qui, à un moment donné, se serait séparée en deux morceaux. Les Berbères montagnards sont sédentaires; ils habitent des maisons groupées en villages placés en général sur des pitons d'un accès difficile. Les animaux domestiques sont logés dans le même corps de bâtiment que les hommes et séparés de ceux-ci par une murette peu élevée.

La langue dite kabyle en usage parmi les Berbères algériens se divise en plusieurs dialectes dont les principaux sont : le dialecte de Bougie, celui des Beni-Menacer, le chaouïa et le zenatra. Le mécanisme grammatical est le même dans tous ces dialectes ; il est assez rudimentaire. Le zenatra, parlé par les Mozabites est le dialecte berbère qui a été le moins pénétré par la langue arabe ; les autres dialectes ont fait un grand nombre d'emprunts à cette dernière.

Les *Berbères arabisés* habitent tantôt sous les gourbis, tantôt sous des tentes, dont l'étoffe est tissée en poils de chameau. Chaque gourbi ou tente abrite une famille entière ; plusieurs gourbis groupés ensemble constituent une *dechera* ou hameau ; si le hameau est composé de tentes, il prend le nom de douar. Les Berbères arabisés laissent toute l'année en plein air leurs bestiaux, dans des enclos formés par une ceinture de branchages épineux. Les Berbères arabisés parlent tous un dialecte arabe qui n'a reçu qu'un nombre très infime de mots berbères et qui, au point de vue grammatical, ne présente pas une différence sensible avec les autres dialectes arabes.

Les *Arabes* vivent sous la tente et sont nomades ; ils ne diffèrent ni par leur costume, ni par leur alimentation des Arabes berbères, avec lesquels on les confond très aisément. Les villes sont habitées par des représentants des diverses races algériennes qui, pour la plupart, y sont fixées d'une manière permanente.

Les femmes qui résident dans les villes ont le teint

aussi blanc que celui des Européennes brunes ; elles perdent vite la couleur bistre qu'elles avaient quand elles vivaient au milieu des champs. Leur existence est beaucoup plus confortable que celle des femmes de la campagne. Toutefois, qu'elle soit berbère ou arabe, la femme indigène ne reçoit aucune culture intellectuelle, et son intelligence s'atrophie rapidement à force de se concentrer sur un cercle restreint d'idées vulgaires.

La prostitution, peu fréquente dans les tribus, n'est alimentée que par les femmes des villes et par les femmes berbères. Dans le Sud, la prostitution est, pour ainsi dire, dans les mœurs de la tribu des Oulad-Naïl.

La circoncision est pratiquée sur tous les enfants mâles, vers l'âge de sept ans et c'est à partir de cet âge que l'enfant commence à avoir la responsabilité d'un certain nombre de ses actes. Il est rare qu'un jeune indigène ne soit pas pubère à l'âge de douze ans.

Ce n'est que par une longue pratique que l'on peut arriver à comprendre le caractère des indigènes, dont l'excessive mobilité nous confond. Ils ne savent pas résister aux incitations de la violence, les querelles éclatent entre eux pour les motifs les plus futiles et tournent souvent au tragique. Le rôle des indigènes, au point de vue économique, est considérable. Une grande partie de la production des céréales et l'élève des troupeaux sont entre leurs mains. Ils fournissent une main-d'œuvre de plus en plus grande à la colonisation ; les Kabyles surtout, qui, à l'époque des moissons, descendent en bandes de leurs montagnes et se répandent dans les exploitations agricoles de la plaine pour y louer leurs services.

Sur les Hauts-Plateaux, si froids en hiver, si chauds en été, manquant d'eau et de bois, les indigènes vivent et élèvent de nombreux troupeaux, que l'on voit amener par bandes énormes et conduire vers le littoral pour l'embarquement.

La vie isolée que mènent les indigènes des campagnes contribue à l'abaissement du niveau intellectuel. Pour eux, la société humaine ne s'étend guère au-delà de leur famille, et leur sociabilité se trouve ainsi singulièrement amoindrie. Sans la foi commune qui les unit en certaines circonstances, ou sans le besoin de se réunir pour résister à l'ennemi, ils en arriveraient à détruire jusqu'au faible gouvernement du douar ou de la dechera et chaque famille irait vivre à part le plus loin possible de ses voisins. Aucun lien, si ce n'est la religion, ne relie entre elles les diverses tribus du Sud ; elles ne se rencontrent que sur certains marchés.

La religion musulmane est loin d'être restée pure en Algérie, surtout en pays berbère. Là, les principes du Coran ne sont point suivis à la lettre, principalement en ce qui touche au droit civil ou criminel. Les prescriptions d'ordre purement religieux sont assez mal observées : c'est à peine si l'on fait les ablutions qui doivent précéder la prière ; le pèlerinage à la Mecque est peu fréquent, et l'on ne craint pas parfois de supprimer quelques jours du pénible jeûne du Rhamadan. Le culte des saints, dérivant de la superstition, est très répandu parmi les populations indigènes, Il n'est point de tribu qui n'ait son saint préféré, sur le tombeau duquel les habitants se rendent sans cesse pour prier. Souvent même il est l'occasion de solennels pèlerinages.

Les Juifs indigènes ont conservé les caractères généraux de leur race, tout en prenant l'apparence extérieure du peuple au milieu duquel ils vivaient. En cela encore, ils suivaient les errements de leurs coreligionnaires dans toutes les parties du monde. La faculté d'assimilation des juifs assez facilement observable dans la jeunesse va en s'affaiblissant vers l'âge mûr ; ils reprennent volontiers une partie de leurs anciennes habitudes et pratiquent avec plus de ferveur leurs devoirs religieux, alors que, bien souvent, ils ne se montraient guère croyants dans la jeunesse.

Entre eux, les juifs indigènes parlent un arabe corrompu dans lequel ils font entrer un nombre considérable de mots français auxquels ils appliquent les flexions arabes. Tous, d'ailleurs, connaissent la langue française et ont une remarquable facilité à s'assimiler les idiomes étrangers. L'hébreu n'est plus guère étudié par la nouvelle génération juive.

La femme juive paraît s'émanciper plus facilement que l'homme du joug religieux. Toutefois, la condition de la femme juive est trop voisine de celle faite à la femme arabe pour qu'une chrétienne épouse un juif, et les jeunes filles juives, qui accepteraient sans difficultés un mari chrétien, rencontrent de la part de leurs parents une vive opposition. La religion, ici comme ailleurs, est le grand obstacle contre lequel viennent échouer les projets d'union les mieux as-

sortis. Pour le moment, les alliances entre la population juive et la population musulmane sont à peu près impossibles, malgré une certaine communauté de mœurs et de langage.

Races européennes

On ne saurait encore tracer d'une manière précise les caractères moraux des *Algériens* : on peut cependant déjà constater leurs tendances. Jusqu'ici ils ne se distinguent des Français que par un développement plus précoce de l'intelligence, un esprit aventureux et des passions très vives qui compensent dans une certaine mesure le léger affaiblissement de leur énergie physique. Il convient d'ajouter qu'en Algérie les Méridionaux ont toujours formé la majorité de la population et ont naturellement fait prédominer leurs caractères.

L'élément constitué par les déportés politiques, en outre, en se fondant avec celui des anciens militaires, a contribué à former une population dont les traits caractéristiques sont, avec l'esprit d'entreprise, d'activité et de hardiesse, une certaine tendance frondeuse qui porte volontiers à la critique.

Il va sans dire que les Algériens parlent la langue française ; ils la prononcent, en général, sans le moindre accent, tout en ayant cette tendance propre aux gens du Midi de ne point distinguer les voyelles longues des voyelles brèves.

Les Algériens, pour la plupart, sont catholiques ; en général, ils apportent une assez grande indifférence à la pratique de la religion et la superstition, si commune en Europe, est très rare en Algérie. Le fort contingent de religion et de superstition apporté par les Espagnols, les Italiens et les Anglo-Maltais, n'a point influé sur les dispositions générales des Algériens en ces matières. La liberté de conscience règne ici en souveraine ; tous les cultes y vivent dans la paix la plus profonde et sur un pied parfait d'égalité.

Les Etrangers rendent à l'Algérie ce service de lui fournir de la main-d'œuvre à bon marché. Dans le département d'Oran, les Espagnols constituent l'immense majorité des ouvriers agricoles, des mineurs, des terrassiers et des journaliers nécessaires à l'exploitation de l'alfa.

Aux environs d'Alger, la culture maraîchère est en grande partie aux mains des Mahonais. Enfin, dans le département de Constantine, les Maltais sont jardiniers et les Italiens des pays pauvres et des îles sont très nombreux sur les chantiers et dans les exploitations minières.

L'inconvénient de cette concurrence est d'écarter les ouvriers français, habitués à des salaires plus rémunérateurs et à un genre de vie plus confortable.

Nous empruntons à l'excellent ouvrage de MM. Béquet et Siméon les définitions suivantes concernant les divers éléments qui composent la population actuelle de l'Algérie :

Les citoyens français sont, en principe, pour tout ce qui regarde leur statut personnel et leurs droits civils, soumis aux mêmes lois que dans la Métropole.

Les européens étrangers résidant en Algérie sont soumis, comme en France, à leur statut personnel ; mais au point de vue des lois de police générale, leur situation est plus favorable que celle de leurs concitoyens dans la Métropole. C'est ainsi qu'en Algérie la simple résidence vaut domicile, ensuite la législation spéciale, prenant en considération leur grand nombre, a édicté à leur égard des dispositions particulières, leur concédant notamment certains droits civils.

Le Musulman étranger appartient, par sa nationalité, aux Etats dépendants du Shah de Perse, du Sultan ou aux Etats africains, Tunis, Maroc ou Tripoli. La situation des régnicoles persans ou turcs ne diffère de celle des autres étrangers que par les stipulations de conventions internationales ; les Tunisiens, placés sous le protectorat de la France, sont soumis au régime des indigènes non naturalisés d'Algérie ; les Marocains, dans la pratique, sont soumis aux règles du statut personnel des indigènes musulmans ou israélites ; ils ne peuvent être ni extradés, ni expulsés.

Les Musulmans indigènes sont régis par les clauses de la capitulation d'Alger. Ils sont soumis, pour tout ce qui concerne leur statut personnel et les lois civiles, aux règles du Coran et de la Souna ; au contraire, pour tout ce qui concerne le régime immobilier, ils sont soumis aux dispositions que la Métropole juge nécessaire d'édicter. Les Indigènes musulmans sont, en outre, soumis à des pénalités spéciales, dont l'ensemble constitue ce qu'on a appelé le code de l'indigénat.

L'indigène musulman naturalisé est soumis aux lois françaises ; mais dans les pays étrangers il profite, comme en Algérie, des règles de son statut personnel.

Les Israélites indigènes, naturalisés en masse par le décret du 24 octobre 1870, du Gouvernement de la Défense Nationale, sont entièrement assimilés aux Français d'origine. Ils jouissent des mêmes privilèges et droits et sont soumis aux mêmes charges.

L'OUTILLAGE ÉCONOMIQUE

Les voies de communication. — Chemins de fer et routes. — Les ports et la navigation. — Les communications de l'Algérie avec l'extérieur. — Les travaux préparatoires de la colonisation — Agriculture, commerce et industrie.

Un principe général domine en matière de travaux publics : en territoire militaire, tous les travaux, ex cepté ceux qu'exige le Service des Mines, sont confiés au corps du génie ; en territoire civil, le génie n'a dans ses attributions, comme en France, que les travaux à exécuter pour le compte du département de la guerre, les travaux civils sont confiés aux mêmes services qu'en France.

Chemins de fer. — Longtemps l'Algérie, sous le rapport des chemins de fer, a été très médiocrement dotée ; aujourd'hui elle a à peu près regagné le temps perdu.

Le réseau des voies ferrées est maintenant considérable et fortement constitué. Il comprenait, en 1899, un ensemble de 2.905 kilomètres de lignes en exploitation, fort bien reliées les unes aux autres. Le réseau ferré forme un ensemble bien compact qui, en se rattachant aux lignes tunisiennes, s'étend de Tunis à Tlemcen et à Aïn-Sefra, c'est-à-dire à la frontière du Maroc.

Toutefois, les lignes de pénétration dans l'intérieur ne sont pas suffisamment prolongées loin des côtes, les points extrêmes étant à l'Est, Tebessa, à 300 kilomètres environ de Bône et Biskra, à 325 kilomètres de Philippeville ; à l'Ouest, la pénétration est plus accentuée, les lignes d'Arzew à Aïn-Sefra atteignant du Nord au Sud, avec un léger fléchissement, 454 kilomètres et devant être poussées encore plus au Sud. La région du centre est plus dénuée sous ce rapport, le point extrême de pénétration étant Berrouaghia, à 135 kilomètres d'Alger.

Quatre grandes compagnies exploitent les lignes à large voie ; celles de Paris-Lyon-Méditerranée, de l'Ouest-Algérien, de l'Est-Algérien et de Bône-Guelma. La Compagnie Franco-Algérienne exploite les lignes à voie étroite dans l'Ouest.

Les tarifs des Compagnies algériennes étaient très élevés ; les modifications apportées en 1894 et 1895 aux conventions les ont améliorés et les Compagnies elles-mêmes, comprenant la nécessité de tarifs plus bas, tendent à les diminuer de plus en plus.

Lignes d'intérêt local

Depuis 1890, on ne construit plus guère que des chemins de fer à voie étroite, dits chemins de fer sur routes.

Un décret du 16 janvier 1892 a déclaré d'utilité publique l'établissement, dans le département d'Alger, de quatre lignes de tramways à traction de locomotives, destinées au transport des voyageurs et des marchandises entre :

1º El-Affroun et Marengo ; 2º Alger et Coléa ; 3º Saint-Eugène et Rovigo ; 4º Dellys et Boghni.

La ligne d'El-Affroun à Marengo, ouverte à l'exploi-

tation depuis 1894, a une longueur de 20 kilomètres.
Le total général des recettes s'est élevé à 125.609 fr.
avec moyenne kilométrique de 6.611 francs en 1897.
Les voyageurs transportés sur cette ligne, pendant la
même année, ont été au nombre de 43.725. Les principales marchandises transportées sont les vins, matériaux de construction, houilles, fers, fontes et métaux.

La ligne d'Alger à Coléa est divisée en plusieurs
sections : la section des Deux-Moulins à Guyotville a
une longueur de 10 kil. 288 ; elle est ouverte à l'exploitation depuis le 24 octobre 1897 ; cette ligne ne
transporte encore que des voyageurs.

La section de Guyotville à Coléa est en voie de
construction.

La section d'Alger-Port aux Deux-Moulins est également en construction.

La ligne de St-Eugène à Rovigo est entièrement en
exploitation ; la traction est électrique entre les Deux-
Moulins et Maison-Carrée. L'usine électrique est construite à Mustapha. Les recettes brutes ont été de
472.887 fr. 70 en 1897, ce qui a porté la recette kilométrique à 13.594 fr. 20.

La ligne de Dellys à Boghni est construite et livrée
à l'exploitation entre Dellys et Camp-du-Maréchal ; le
reste de la ligne est en construction. La section en
exploitation a une longueur de 30 kil. 832. Les recettes brutes se sont élevées pour l'année 1897 à
28.470 fr. 10, ce qui fait 923 francs par kilomètre.

Tramway électrique de la Colonne-Voirol à l'hôpital
du Dey. Cette ligne a un développement total de
7 kil. 374,20 ; elle a été ouverte au service des voyageurs le 15 avril 1898. Le nombre des voyageurs
transportés est en moyenne de 358.000 par mois.

Lignes en construction

Le chemin de fer d'intérêt général d'Aïn-Sefra à Djenien-bou-Resg (Sud oranais) est exécuté par les soins et sur les fonds de l'Etat. Les travaux sont terminés dans la partie comprise entre Aïn-Sefra et Moghar, sur une longueur de 55 kilomètres ; ils sont commencés dans la partie comprise entre le kilomètre 60 et Djenien-bou-Resg ; le prolongement de la ligne de ce dernier point jusqu'aux bords de l'Oued-Dermel, environ 25 kilomètres, a été soumis à l'administration supérieure.

Lignes en projet

CHEMINS DE FER D'INTÉRÊT GÉNÉRAL

L'avant-projet d'une ligne d'intérêt général allant d'Aïn-Beïda à Tébessa (Constantine) a été dressé. La distance totale entre ces deux points serait de 107 kilomètres. La dépense s'élèverait à six millions environ. Une variante de ce projet est à l'étude.

Une convention a été préparée pour la concession de la ligne de Berrouaghia à Boghari (Alger) à la Compagnie de l'Ouest-Algérien, mais elle n'a pas encore reçu la sanction des Chambres.

Plusieurs projets pour la continuation des travaux d'infrastructure de la ligne de Boghari à Laghouat ont été préparés et adressés à l'administration supérieure en 1899. Tout est prêt pour qu'une convention soit passée entre l'Etat et la Compagnie de l'Ouest-Algérien.

CHEMINS DE FER D'INTÉRÊT LOCAL

Un assez grand nombre de lignes de cette catégorie sont à l'état de projets plus ou moins proches de la mise à exécution.

Telles sont : les lignes de La Calle à Roum-el-Souk, 23 kil. 870 ; d'Aïn-Beïda à Khenchela ; de Bougie à Sétif par la vallée de l'Oued-Agnoun ; de Djidjelli à El-Milia ; d'Aïn-Mokra à Jemmapes ; tramways de Bône à La Calle, de Randon-Combes à la Meskiana, de Biskra à Fontaine-Chaude et de la gare de Biskra au vieux Fort-Turc, de la gare de Tixter aux gisements de phosphates de Tocqueville, de Biskra à El-Amri.

Un tramway électrique fonctionne dans la ville d'Oran depuis le commencement de l'année 1899.

La ville de Constantine prépare l'établissement d'une ligne semblable.

Routes et chemins. — Avant notre arrivée en Algérie, il n'existait pas de voies de communication d'une ville à une autre ; à peine comptait-on quelques petits chemins, mal entretenus, aux environs d'Alger, d'Oran et de Constantine.

Il existe maintenant dans la colonie dix routes nationales, représentant une longueur totale de 2.983 kilomètres. Quelques-unes d'entre elles ne sont pas encore entièrement empierrées ; mais les parties à l'état de lacunes ne sont pas fort étendues, et d'ailleurs ces dernières, pendant la belle saison surtout, peuvent être parcourues par les voitures. Ainsi les diligences font régulièrement le service jusqu'à Laghouat et Ghardaïa et les courriers jusqu'à Tougourt,

quoique une partie de ces routes ne soient pas empierrées et que même de Biskra à Tougourt il n'y ait
qu'une piste.

En outre des routes nationales, le réseau de l'Etat
comprend des chemins non classés, dont la construction et l'entretion incombent à l'Etat jusqu'à ce qu'ils
soient régulièrement incorporés dans l'un des réseaux
constitués ; ces chemins non classés comportent un
développement de 584 kilomètres.

Le réseau départemental, qui tend de plus en plus
à disparaître, a un développement de 524 kilomètres
complètement empierrés.

Le réseau communal se compose de chemins cons-
truits et entretenus aux frais des communes, avec le
concours des départements, et de ceux qui sont exé-
cutés et entretenus exclusivement aux frais des communes. Les premiers comprennent les chemins de
grande communication et les chemins d'intérêt commun, les autres les chemins vicinaux ordinaires et les
chemins ruraux.

Le réseau communal comporte : chemins de grande
communication 8.729 kilomètres ; chemins d'intérêt
commun 2.392 kilomètres ; chemins vicinaux ordinaires 13.897 kilomètres ; chemins ruraux 1.570 kilomètres. Au total, les réseaux de l'Etat et départemental compris, 30.619 kilomètres.

Les Ports. — L'Algérie, qui possède une énorme
étendue de côtes, offre peu de ports naturels ; il s'en
rencontre de loin en loin, comme ceux de Bougie et
d'Arzew. Ce ne sont pas les principaux, de sorte que
le travail à faire par l'homme est considérable. Néan-

moins, on est parvenu à Alger, à Bône, à Philippeville, à Oran, à posséder des places maritimes qui se prêtent à un grand commerce dans des conditions assez bonnes de sécurité et de facilité. On peut encore énumérer les ports de La Calle, Djidjelli, Collo, Dellys, Tipaza, Cherchell, Ténès, Mostaganem et Nemours. Au total on compte dix-neuf ports sur la côte algérienne d'importance variable. Sur quelques points de la côte on a établi de simples débarcadères, qui peuvent être utiles à la colonisation et à l'exploitation de carrières de mines.

Le port d'Alger, grâce à sa position topographique, est devenu depuis quelques années le point d'escale de nombreuses compagnies étrangères. Des navires de fort tonnage, venant de l'Extrême-Orient ou s'y rendant, touchent à Alger pour s'y ravitailler en charbon et en vivres frais.

Navigation. — L'importance de la navigation algérienne ne saurait être mieux indiquée que par une statistique moyenne, celle de 1897, par exemple.

En 1897, le nombre des navires tant à voiles qu'à vapeur employés au transport des marchandises a été de 6.318 unités d'une capacité de 4.225.777 tonneaux, savoir : à l'entrée 3.107 navires, 2.072.592 tonneaux ; à la sortie, 3.211 navires, 2.153.185 tonneaux.

Les relations directes entre l'Algérie et la Métropole et vice-versa sont exclusivement réservées au pavillon national. Les marchandises expédiées directement de France en Algérie ou d'Algérie en France ont donné lieu, pendant l'année 1897, à 3.398 voyages de navires tant à voiles qu'à vapeur. Le tonnage de ces navires a été de 2.812.401 tonneaux.

Les relations directes par mer de l'Algérie avec les pays étrangers, les colonies françaises et les pays de protectorat ont été effectuées par 2.620 navires jaugeant 1.341.376 tonneaux.

Dans la navigation de l'Algérie avec l'étranger, le pavillon français figure dans la proportion de 15 pour cent. Parmi les puissances étrangères dont les bâtiments se sont présentés le plus souvent dans les ports d'Algérie, pendant l'année 1897, l'Angleterre occupe le premier rang, puis viennent par rang d'ordre, l'Espagne, la Belgique, l'Allemagne, l'Italie, l'Autriche, les Pays-Bas, le Danemark, la Suède, etc.

Si l'on veut avoir une idée de l'ensemble de la navigation algérienne, il faut aussi tenir compte du cabotage qui représente lui aussi un mouvement assez important.

Les marchandises et produits de toute nature qui ont été expédiés entre les différents ports de l'Algérie, sous le régime du cabotage pendant l'année 1897, ont atteint 199.489 tonnes. Dans ce mouvement d'ensemble, les vins figurent au premier rang pour 37.684 tonnes. Les principaux ports d'expédition sont par rang d'importance : Alger, Oran, Philippeville, Bougie, Cherchell, Bône, Arzew, Mostaganem, Ténès, Djidjelli, Collo, Dellys.

Les navires affectés au transport par cabotage entre les ports de l'Algérie ont effectué 7.395 voyages en 1897. Dans l'ensemble de ce mouvement, la part de la navigation à vapeur est représentée par 5.436 navires ou voyages.

Services maritimes postaux. — Les communications entre la France et l'Algérie sont devenues depuis quelques années fort aisées. La moyenne du trajet de Marseille à Alger, qui était autrefois de quarante-huit heures, est tombé à vingt-cinq ou vingt-six ; elle pourra descendre encore. Dès maintenant, le voyage d'Alger à Paris ne prend que quarante à quarante-deux heures.

Le budget prévoit un crédit pour rémunération du service maritime postal entre la France, l'Algérie la Tunisie, etc. Ce service est assuré par plusieurs compagnies qui sont : la Compagnie générale Transatlantique, la Compagnie de navigation Mixte et la Société Générale des transports maritimes à vapeur.

A côté de ces compagnies, il en est d'autres qui librement, avec le fret que leur donnent soit les minerais, soit les transports du bétail et du blé, soit les vins, mettent en relations fréquentes les principaux ports algériens et Marseille ou Cette, Port-Vendres, Bordeaux, le Havre et Dunkerque.

On n'est pas encore parvenu, toutefois, à coordonner les départs et les arrivées des paquebots de façon à assurer à la colonie un courrier postal régulier chaque jour. Le mouvement des passagers par la voie de mer et l'extérieur augmente parallèlement à l'accroissement de la population de la colonie, des progrès de la colonisation et des échanges commerciaux. A cet égard, les chiffres présentés par les statistiques officielles sont très significatifs. Nous prendrons à titre d'indication l'année 1896, la dernière portée sur la statistique générale du Gouvernement. En 1896, le nombre des passagers venant de France a été de 56.124 ; venant d'Espagne, du Maroc, d'Italie, d'Angleterre, de Tunisie et d'autres pays de 33.176 ; soit un total de 89.300 passagers. Le nombre des passagers allant en France a été de 48.327 ; allant en Espagne, au Maroc, en Italie, en Angleterre, en Tunisie et en d'autres pays de 32.097 ; soit un total de 80.417.

Les communications télégraphiques entre l'Algérie et la France sont assurées au moyen de six câbles, dont trois entre Marseille et Alger, un entre Marseille et Oran et deux entre Marseille et Bône. Ces deux derniers sont prolongés sur Malte et Alexandrie et appartiennent à l'Eastern Telegraph Company.

Les transmissions échangées entre la France et l'Algérie, en 1897, se sont élevées à 984.343 ; la taxe a été de 540.551 fr. 89 (la taxe est de 0,05 par mot entre la France et l'Algérie depuis le mois d'avril 1897).

Le progrès du service des colis postaux est chaque année très sensible. C'est ainsi qu'en 1897 on trouve à l'exportation 228.830 colis, soit 28.683 de plus qu'en 1896 et à l'importation 614.461 colis, soit 84.640 de plus que l'exercice précédent.

Le poids maximum des colis postaux circulant à l'intérieur ou échangés avec la métropole a été porté de 5 à 10 kil. ; en outre, il peut être expédié des colis postaux contre remboursement ou avec valeur déclarée jusqu'à 500 francs.

Enfin les colis postaux peuvent être livrés dans les localités d'Algérie ouvertes à ce service par exprès, moyennant un droit spécial de 0,25 en sus de la taxe de factage ordinaire.

Les courriers de la poste concourent de plus en plus au service des colis postaux, de sorte qu'un certain nombre de localités non desservies par le chemin de fer bénéficient de nouvelles facilités.

Postes et télégraphes. — L'acheminement des correspondances et le transport des dépêches ont été depuis 1898 l'objet d'améliorations assez nombreuses, notamment la création d'un service tri-hebdomadaire de nuit par courriers auxiliaires dans les trains circulant entre Alger et Oran. Les correspondances pour le département d'Oran apportées par les paquebots quittant Marseille à destination d'Alger, les lundi et mercredi de chaque semaine ont, de ce chef, bénéficié d'une avance de vingt-quatre heures ; il en est de même en sens inverse, c'est-à-dire pour les correspondances partant d'Oran les lundi et mercredi.

Il existait en Algérie, au 31 décembre 1897, 620 établissements postaux, télégraphiques et téléphoniques, se décomposant comme suit :

Recettes composées 25 ; recettes simples de plein exercice 197 ; établissements de facteur-receveur 214 ; recettes auxiliaires urbaines 3 ; distributions auxiliaires 89 ; bureaux télégraphiques municipaux 81 ; bureaux téléphoniques municipaux 1 ; bureaux télégraphiques militaires 3 ; bureaux télégraphiques sémaphores 6 ; bureaux écluses 1.

Ce nombre de 624 établissements a été augmenté d'une trentaine d'unités par suite de créations effectuées depuis 1897. Le service était assuré à cette même date par 1,942 agents et sous-agents (non compris les distributeurs auxiliaires, les gérants des recettes auxiliaires des bureaux municipaux, etc; qui n'appartiennent pas aux cadres).

En outre des bureaux ci-dessus, 109 gares de chemins de fer des différents réseaux algériens sont ouvertes, sous certaines restrictions, au service de la télégraphie privée. Il n'existe pas encore en Algérie de recettes auxiliaires rurales ; mais la création en est prochaine.

Le réseau électrique est complété au moyen de 53 postes optiques répartis dans les trois départements, mais dont 26 seulement sont occupés d'une façon permanente.

La longueur des lignes aériennes est de 9,032 kilomètres ; le développement des conducteurs aériens de 26,283 kilomètres ; la longueur des lignes souterraines de 12 k. 380 ; le développement des conducteurs souterrains de 253 k. 700.

En ce qui concerne les téléphones, voici leur situation à la fin de 1897 : nombre de réseaux urbains, 14 ; abonnés, 532 ; lignes interurbaines, 16 ; 235 lignes d'intérêt privé, nombre de concessionnaires, 224. Ces divers totaux doivent tous être augmentés de quelques unités, l'administration effectuant sans cesse de nouvelles créations de lignes. Les recettes de toutes natures, postes, télégraphes et téléphones se sont élevées pour 1897 à 4,574,367 fr. 29.

Hydraulique agricole. — Un colon de la première heure, fort expert dans les affaires algériennes, Jules Duval, a dit, avec grande justesse, qu'en Algérie la politique devait être une politique hydraulique. Emmagasiner l'eau, cet élément précieux qui se perd après avoir causé souvent de grands ravages ; réglementer ses courants aujourd'hui inutiles, parfois nuisibles ; les mettre au service de l'agriculture et de l'industrie, tel est le problème à résoudre. Malheureusement, l'administration ne dispose que de moyens insuffisants. M. Etienne, député d'Oran, dans son rapport sur le budget de 1887, évaluait à 100 millions de francs la somme nécessaire à l'exécution des travaux utiles de barrages d'irrigation, d'endiguements et de desséchements. Or, la dotation pour les travaux neufs hydrauliques, qui fut de 1,115,244 francs en 1884, est tombée d'année en année ; en 1897, elle était de 630,000 francs, dont 80,000 spécialement affectés aux travaux d'aménagement des eaux sur les Hauts Plateaux. Avec de si faibles crédits, l'œuvre de desséchements, de barrages, d'irrigation avance lentement.

Quoi qu'il en soit, des travaux relativement importants en matière hydraulique agricole ont été effectués en Algérie. Moyennant la concession de vastes terrains incultes à la société Franco-Algérienne, celle-ci a construit le barrage de l'Habra, dans le département d'Oran. Pour une concession analogue, la Compagnie de Mokta-el-Hadid s'est engagée à dessécher l'immense marais appelé lac Fetzara, œuvre encore inachevée. L'Etat a construit le barrage du Hamiz, dans le département d'Alger.

Les lois de la Métropole concernant les irrigations et les associations syndicales ont été promulguées en Algérie avec quelques modifications relatives au droit de propriété ou de servitude et pour le cas d'expropriation. L'administration accorde assez souvent des subventions plus ou moins importantes aux syndicats d'irrigation pour les aider dans l'exécution des travaux qui les intéressent ; elle passe ainsi des conventions avec les syndicats ou des sociétés pour l'exécution de divers travaux d'hydraulique agricole,

prenant à la charge de l'Etat une part des dépenses.
Ainsi s'effectuent, petit à petit, sur tout le territoire
algérien, nombre de travaux ayant pour but la mise
en valeur du sol.

Forages. — Il est une autre œuvre à laquelle
l'administration française s'est donnée avec un bril-
lant succès et qui est susceptible d'un développement
considérable encore, c'est celle des puits artésiens.
Elle a ainsi créé de véritables oasis. M. de Tchihatchef,
écrivain russe, s'est montré enthousiaste des puits
artésiens. Il estimait, il y a une vingtaine d'années de
cela, à plus de 155 le chiffre total des puits artésiens
dans la province de Constantine, subdivision de Batna,
de 1856 à 1878. « Le nombre des sondages pour la
recherche des eaux jaillissantes a été de 149, écrivait-
il, et pour celle des eaux ascendantes de 262 ; la
profondeur totale forée a été de 18 kilom. 626 mètres
et le débit primitif des nappes jaillissantes et ascendantes est de 182,119 mètres cubes par vingt-quatre
heures. Ces chiffres sont assez éloquents pour se
passer de tous commentaires, et lorsque l'on consi-
dère qu'ils représentent seulement un travail de
vingt-deux années, on peut soutenir hardiment que
lors même que la France n'aurait pas doté l'Algérie
d'autre chose que des puits artésiens, elle pourrait
déjà, sous ce seul rapport, accepter avantageusement
la comparaison avec n'importe quel pays. »
Les particuliers, colons algériens ou capitalistes
français s'intéressent depuis quelques années aux
forages dans les contrées sans eau et notamment dans
le désert. Entre Biskra et Tougourt, plusieurs socié-

tés ont créé de toutes pièces des oasis où elles plantent des dattiers. Voici ce que disait l'*Économiste Français* du 1ᵉʳ janvier 1887 de l'une de ces sociétés : « En moins de cinq ans, la société de Batna a créé trois oasis nouvelles et construit trois villages à Ourir, Sidi-Yaya et Ayata ; elle a foré sept puits artésiens jaillissants, qui fournissent ensemble un débit constant de 21 mètres cubes d'eau vive par minute ; elle a défriché et mis en valeur 400 hectares de terrains auparavant incultes, et planté environ 50.000 palmiers-dattiers. »

Les puits artésiens peuvent encore rendre de grands services sur les Hauts-Plateaux et dans les postes militaires du Sud ; et l'on a vu plus haut qu'un crédit de 80,000 francs est alloué annuellement pour les points d'eau sur les Hauts-Plateaux. Depuis l'origine des forages en Algérie jusqu'à la fin de 1893 (dernière statistique donnant des renseignements à ce sujet), il a été exécuté 427 forages représentant une profondeur totale de 29,541 mètres ayant capté 519 nappes d'eau ascendantes et 529 jaillissantes, donnant un total de 346,954 litres d'eau par minute.

Depuis 1895, l'administration a fait l'acquisition d'appareils de sondage à faible profondeur, destinés à être mis à la disposition des communes et des particuliers. Le prêt en est gratuit, mais le demandeur doit prendre à sa charge les frais de transport et d'entretien, le remplacement des pièces perdues ou détériorées et s'il y a lieu les frais de déplacement de l'agent des Ponts et Chaussées.

Ces appareils permettent aux particuliers et aux communes d'effectuer eux-mêmes les sondages peu important qui leur sont utiles. Toutefois, l'administration continue comme par le passé à faire effectuer à ses frais ou à subventionner largement les travaux des forages des puits artésiens et ceux de sondages profonds d'une utilité générale que les particuliers ne pourraient entreprendre à cause des dépenses élevées qu'ils occasionnent.

L'Agriculture. — Elle est soumise, en Algérie, à la même législation qu'en France. Mais les chambres d'agriculture n'ont jamais fonctionné. Des sociétés libres d'agriculture et des comices agricoles en tiennent lieu en fait. Le personnel des services de l'agriculture comprend des fonctionnaires et agents placés sous l'autorité directe du Gouverneur général et des agents relevant de l'autorité préfectorale. Au 31 décembre 1897, la population agricole de l'Algérie comprenait 3.535.473 personnes, savoir : 203.815 européens et 3.331.658 indigènes. La valeur du matériel agricole possédé par les cultivateurs, tant européens qu'indigènes, était évaluée à 29.302.317 francs.

Les colons forment avec les indigènes le contraste le plus complet. Ils sont actifs, entreprenauts, toujours en quête d'améliorations et de progrès. « On peut affirmer, disait déjà en 1868 la Commission d'enquête, que l'agriculture en Algérie est plus progressive qu'en France. »

Il existe une école d'agriculture à Rouïba et dans le courant de l'année 1899 il en a été créé une autre à Philippeville, plus particulièrement destinée aux cultures maraîchères et à la vigne.

Un service de botanique agricole complété par un

champ d'expériences a été créé à Alger. Il fait des essais et distribue des plants ou des semences aux cultivateurs européens et indigènes.

Des primes sont allouées aux communes pour encouragements aux travaux de reboisement, créations de pépinières, greffages d'oliviers, etc.

Une station agronomique fonctionne à Alger, pour l'analyse du sol et des produits, et des champs de démonstration. Il existe des chaires d'agriculture à Alger, Oran, Sidi-bel-Abbès et Constantine.

En ce qui concerne l'élevage, notons l'existence d'un stud-book, pour l'inscription des chevaux de race ; les trois haras de l'Etat ; les courses subventionnées par l'Etat, les départements et les communes ; les primes réparties par voie de concours aux éleveurs européens et indigènes ; la bergerie nationale de Moudjebeur et les bergeries communales procurent aux colons et aux indigènes des reproducteurs améliorés.

Le commerce. — D'une façon générale, le commerce est soumis, en Algérie, à la législation française. La législation, toutefois, interdit absolument, sans autorisation spéciale, la vente aux indigènes, et l'achat par ceux-ci, d'armes, plomb, pierres à fusil, poudre, soufre, salpêtre ou de tout autre substance pouvant servir de munition de guerre ou remplacer la poudre. Des peines particulièrement sévères sont édictées à cet égard. L'octroi de mer est particulier à l'Algérie, il a tous les avantages des octrois de France sans en entraîner les inconvénients. Les tarifs adoptés en 1885, comprennent d'une manière générale les denrées coloniales qui n'ont de similaires, ni en France, ni en Algérie ; on y a joint les alcools et les bières que l'on produit aussi dans la colonie et qui paient dès lors des taxes intérieures.

Le produit de l'octroi de mer est totalisé en un fonds commun pour toute l'Algérie et réparti ensuite entre les communes au prorata de leur population, les européens et les israélites étant décomptés pour une unité, les musulmans pour un huitième dans les communes de plein exercire et pour un quarantième dans les communes mixtes. Avant cette répartition, l'Etat prélève les frais de perception (5 0/0), et un sixième pour le service de l'enseignement primaire. Depuis le mois de décembre 1896, il a été institué dans le Sud de l'Algérie des *marchés francs*, où certaines marchandises sont exonérées de tous droits de douane et d'octroi de mer.

Ces marchés sont ceux d'El-Oued, Tougourt, El-Goléa, El-Abiod-sidi-Cheik, Djenian-bou-Resg, El-Aricha et Lalla-Marnia.

Chambres et bourses de commerce. — Une Bourse de commerce a été établie à Alger.

Des chambres de commerce ont été instituées à Alger, Oran, Constantine, Bône, Bougie et Philippeville. Les membres des chambres de commerce doivent être citoyens français ou musulmans indigènes ; mais ces derniers ne peuvent former plus du dixième de la liste électorale et ne peuvent entrer au nombre de plus de trois à Alger et de deux dans les autres villes, dans les bureaux des chambres. Une contribution spéciale, destinée à l'acquittement des dépenses des chambres et des bourses de commerce, est payée par les patentés inscrits sur les matrices cadastrales.

Il n'existe pas d'agents de change en Algérie. Leurs fonctions sont remplies par des courtiers en marchandises.

Magasins généraux. — Il existait en 1897, en Algérie, huit magasins généraux : cinq dans le département d'Alger, un dans le département d'Oran et deux dans celui de Constantine.

Les prêts effectués sur dépôts sont très variables ; quant aux ventes publiques, elles sont excessivement rares.

L'industrie. — Durant bien des années, l'industrie algérienne a été à peu près exclusivement agricole ; mais peu à peu les européens ont dû se livrer aux différents métiers dont les besoins de l'existence réclament le concours. Prise dans son ensemble l'industrie progresse chaque année et il est permis de bien augurer de son avenir.

L'industrie chez les indigènes est peu développée ; en général, ils pourvoient eux-mêmes à leurs besoins, tissant leurs tentes, bâtissant leurs gourbis, fabriquant leurs vêtements et leurs armes. Dans les villes on voit de nombreux cordonniers, tisseurs et brodeurs indigènes ; les juifs fabriquent des bijoux, les Kabyles également, ainsi que des armes et parfois de curieuses poteries. Les tapis tissés par les femmes indigènes sont assez recherchés. Cette industrie, qui menaçait pourtant de disparaître, a éveillé l'attention de l'initiative privée et du Gouvernement, et, grâce aux encouragements qui lui sont maintenant donnés, elle prendra, à bref délai, un grand essor. Le Gouvernement encourage également depuis peu la céramique kabyle.

En 1897, le nombre des établissements de l'industrie et du commerce s'élevait en Algérie à 19.398, occupant 59.077 ouvriers.

Appareils à vapeur. — Au 31 décembre 1897, il existait en Algérie : nombre d'établissements, 1.359 ; chaudières et récipients à vapeur, 1.633 ; machines 1.631 ; chevaux-vapeur 15.314.

Mines et minières. — Mais longtemps encore la grande ressource industrielle de l'Algérie sera constituée par les carrières et les mines. Les richesses minéralogiques de la colonie sont, en effet, considérables ; elles forment des masses compactes occupant des territoires très étendus. Les matériaux de construction, en outre, ne font défaut nulle part.

Il existe un laboratoire des mines dans le chef-lieu de chacun des trois départements. En 1897, le nombre des analyses ou essais effectués par ces laboratoires s'est élevé à 570.

La pêche. — La pêche maritime constitue une des grandes richesses de l'Algérie et ses produits offrent à l'alimentation publique des ressources précieuses. La loi du 1er mars 1888 a supprimé les privilèges dont jouissaient les étrangers pour la pêche sur le littoral algérien.

Deux industries se rattachant à la pêche ont été créées en Algérie et ont donné de bons résultats : ce sont les ateliers de salaisons et les fabriques de conserves.

La pêche du corail est en complète décadence, les bancs corallifères ayant été ravagés. Il faudrait des mesures excessivement sévères pour que cette pêche reprît dans l'avenir son importance d'autrefois.

INSTITUTIONS DE CRÉDIT

Le crédit sous ses formes diverses. — Principaux établissements de crédit. — Mouvement des fonds. — Une loi spéciale mais encore insuffisante du crédit agricole.

Pendant les vingt premières années de la colonisation, il n'existait pas un seul important établissement
de crédit dans toute l'Algérie. La loi du 4 avril 1851 a
créé la Banque d'Algérie qui a fondé des succursales
successivement à Oran, à Constantine, à Bône, à Philippeville et à Tlemcen en 1875. Nombre d'autres ont
été établies depuis lors et l'activité de la Banque s'est
fort étendue.

En 1851-52, la Banque escomptait 11.906 effets et
le montant des sommes escomptées s'élevait à
8.755.664 francs.

En 1897, le nombre d'effets s'élève à 273.005 et le montant des sommes escomptées atteint 352.818.271 fr. 08.

Le mouvement des caisses et des billets de banque
à Alger et aux succursales pendant l'année 1897-98
est indiqué par les chiffres suivants :

Recettes. — En billets : 646.487.990 francs.
— En numéraire : 51.221.174 fr. 48.
Dépenses. — En billets : 651.985.900 francs.
— En numéraire : 56.890.945 fr. 49.

La circulation moyenne journalière des billets de
banque était de 76.422.622 francs ; la moyenne journalière de numéraire en caisse de 42.222.416 fr. 56.

La situation de la Banque de l'Algérie n'est plus aussi brillante qu'elle l'a été autrefois, notamment en 1883 84 où elle pouvait distribuer à chacune de ses actions, émises à 500 francs, un dividende de 100 francs. Le cours de l'action qui s'était élevé en 1883 à 2.203 fr. 42 est tombé jusqu'à 560 en 1897. Ce mouvement de recul n'est point dû au ralentissement des affaires ni à la concurrence des autres établissements de crédit. La Banque s'est trouvée entraînée dans des opérations ayant le caractère de prêts fonciers ; elle a favorisé ainsi le développement de la richesse publique et coopéré notamment pour une grande part à la création du vignoble algérien. Mais, par suite, une partie de son capital a été immobilisée et elle se trouve obligée d'y suppléer en recourant aux avances du Trésor pour lesquelles elle paye un loyer onéreux de 3 p. 0/0.

Le taux ordinaire des escomptes de la Banque était de 6 0/0 à l'origine ; il s'est abaissé ensuite à 5 et 4 0/0, et il suit les fluctuations du marché des capitaux. Son capital, primitivement de 3 millions, a été porté à 10 millions en 1859, puis 20 millions en 1881. Elle émet des billets au porteur depuis 20 francs jusqu'à 1.000 francs. Ces billets sont reçus comme monnaie légale par les caisses publiques mais n'ont pas cours en France. La limite pour les émissions de billets a été, par des étapes successives, portée de 18 millions à 48 millions en 1892, puis à 80 et à 100 millions.

Le Gouvernement ne s'est pas arrêté à cette seule banque dans la création d'institutions destinées à fonder le crédit en Algérie : en 1860 un décret a étendu au territoire de l'Algérie le privilège accordé au Crédit foncier de France.

En 1865, le Ministre des finances autorisait les trésoriers-payeurs des trois départements à recevoir désormais les fonds des négociants et à délivrer en échange des mandats sur leurs préposés, ce qui obviait au défaut de banques locales.

Le Gouvernement essayait aussi d'aider au développement de l'Algérie par la création de grandes sociétés anonymes. C'est ainsi qu'en 1867 était fondée la Société Générale Algérienne, compagnie de crédit et compagnie foncière à la fois. En 1877, cette association se transformait en société plus modeste, la Compagnie Algérienne, au capital de 15 millions versés.

Depuis, il s'est encore fondé de nombreuses sociétés de crédit dues à l'initiative privée. Telles sont la société de Crédit Foncier et Agricole d'Algérie, le Crédit Algérien, la Compagnie Franco-Algérienne, la Foncière de France et d'Algérie, les Magasins Généraux d'Algérie. Plusieurs de ces sociétés ont disparu. Le Crédit Lyonnais a fondé des succursales en Algérie.

La Compagnie Algérienne fait des avances aux communes, des avances sur marchandises et des prêts hypothécaires. Son portefeuille au 31 décembre 1897 était de 38.138.009,36 ; les dépôts montaient à la même date, à la somme de 30.273.624,31. Ses actions de 500 francs valent actuellement (octobre 1899), 790 francs.

Le Crédit Foncier et Agricole d'Algérie, au capital de 30 millions moitié versé, a des succursales à

Paris, à Oran, à Constantine, à Bône, à Philippeville, des correspondants pour les opérations de banque dans les principales localités de l'Algérie et dans diverses villes de France et de l'étranger. Il fait en Algérie des prêts aux localités, communes, départements, établissements publics, syndicats d'irrigation, et, d'autre part, des prêts purement fonciers aux propriétaires territoriaux.

Les prêts en participation avec le Crédit Foncier de France (aux départements, communes, etc), s'élevaient au 31 décembre 1897 à 63.921.227,58, sur lesquels il restait dû à cette époque près de 35 millions. Les prêts fonciers au 31 décembre 1897 (prêts à long terme, prêts pour ouverture de crédit et report des prêts de 1896) atteignaient la somme de 100,757.212.26 sur lesquels il avait été remboursé 40.737.756,91.

Le montant des prêts faits par le Crédit Foncier avec son propre capital social atteignait 2.601.536,27.

Le Crédit Foncier d'Algérie fait en outre des opérations de banque ; son portefeuille au 31 décembre 1897 était de 23.477.401,12 et l'ensemble des dépôts de 25.280.449,40. Pour les prêts aux particuliers le taux de l'intérêt, amortissement non compris, est de 5 à 7 0/0.

Crédit Lyonnais. — Le Crédit Lyonnais a des agences à Alger, à Oran, à Constantine, à Philippeville et à Sidi-bel-Abbès ; il y pratique l'escompte et en général toutes les opérations de banque.

En 1897, il a escompté 339.676 effets, dont le montant s'est élevé à 156.800.390 francs. Son mouvement de caisse total de l'année a été de 737.933.070, le mouvement quotidien moyen de 2.419.400. Le nombre de lettres expédiées a été pour l'année de 105.761 et la moyenne par jour, 347.

Le Crédit Algérien, au capital de 8 millions, ne fait pas l'escompte et ne reçoit pas de dépôt de fonds. Il s'occupe surtout d'emprunts de villes, de départements, de chemins de fer. Il possède et fait valoir quelques immeubles urbains et ruraux, ouvre des crédits à des particuliers pour des objets déterminés.

Comptoirs d'escompte et Caisses agricoles. — Une institution modeste, qui a rendu et rendra de plus en plus de services à la colonisation, est celle des comptoirs d'escompte. Ils procèdent, d'ordinaire, de la société anonyme ; quelques-uns furent à l'origine des banques de prêts mutuels ; le capital, le plus souvent restreint, appartient aux habitants de la région ; leur action est essentiellement rurale, agricole. Ces établissements, en raison de leur utilité, se sont rapidement multipliés en Algérie : le plus ancien, celui de St-Denis-du-Sig, a été fondé le 20 avril 1871 ; le plus récent, celui de Sétif, date du 28 juillet 1897.

Actuellement on en compte onze dans le département d'Alger : Arba, Affreville, Boufarik, Bouïra, Chélif, Coléa, Douéra, Marengo, Médéa, Rouïba, Tizi-Ouzou ; huit dans le département d'Oran : Aïn-Temouchent, Arzew, Bel-Abbès, Mascara, Relizane, St-Cloud, St-Denis-du-Sig, Tlemcen ; sept dans le département de Constantine : Aïn-Beïda, Guelma, Mila, Philippeville, Souk-Ahras, Sétif, Batna. Enfin, deux caisses agricoles, à Guelma et à Mascara.

Le nombre des actionnaires varie de 58 à 300 ; le capital souscrit de 100.000 à 1.000.000 de francs, sur lesquels le quart est généralement versé. Le chiffre des dividendes est très variable ; quelques-uns n'en donnent pas du tout à leurs actionnaires, d'autres donnent 6, 7, 10, 12 et jusqu'à 25 0/0.

La durée moyenne des prêts est de 3 mois ; mais il s'en fait souvent à 6 mois, 1, 4 et 5 ans. Le nombre des effets escomptés en 1897 a été de 1.300 à 8.890, et le montant des effets escomptés de 811.420 francs (Relizane), à 18.896.748 francs (Boufarik). Le taux d'escompte est de 6, 6,50, 7, 7,50 et 8 0/0.

Les opérations d'escompte et d'encaissement effectuées par les établissements de crédit pendant l'année 1898 se sont élevées à la somme totale de 1.522.139.412 francs.

ASSISTANCE PUBLIQUE

Services spéciaux à l'Algérie de l'Assistance publique. —
Statistique hospitalière. — L'assistance des indigènes. —
La bienfaisance officielle. — La charité privée.

Les diverses institutions qui, en France, ont été
établies pour soulager la misère, existent en Algérie
et leur législation ne diffère pas sensiblement de celle
des établissements similaires de la Métropole.

L'assistance publique a, en Algérie, comme rouages
principaux, des hôpitaux. des hospices, des bureaux
de bienfaisance européens et musulmans, des asiles
de vieillards, des dépôts de mendicité, des monts-de-
piété et refuges de nuit.

Le service hospitalier algérien a à sa charge l'entretien des médecins de colonisation, service qui constitue en quelque sorte le secours médical à domicile.

Le territoire de colonisation est divisé en circons-
criptions médicales à chacune desquelles est attaché
un médecin spécial, dit médecin de colonisation. Ce
dernier est tenu de résider dans le chef-lieu de la
circonscription. Les médecins de colonisation reçoivent un traitement et sont de véritables fonctionnaires. Ils doivent leurs secours gratuits aux familles des
colons qui ont été inscrits sur une liste spéciale et en
outre à toutes personnes étrangères à leur circonscription, mais victimes d'accidents graves ou subits.
Dans les localités où il n'existe pas de pharmacie, les

médecins de colonisation sont tenus de gérer une petite officine.

Les dépenses de l'assistance publique et de l'assistance hospitalière s'élèvent annuellement, au budget de l'Algérie, à trois millions de francs environ.

Les frais de traitement de leurs malades indigents domiciliés pèsent lourdement sur les communes. Les plus populeuses, telles qu'Alger, Oran, Constantine et Bône, ont réussi à atténuer cette charge, dans une certaine mesure, par l'extension des secours à domicile et l'institution de services de consultations gratuites. Alger possède en outre une infirmerie municipale. Dans le but d'aider les communes les plus obérées à faire face à leurs dépenses hospitalières, le Gouvernement leur accorde des subventions : en 1898, une somme de 70.000 francs a été répartie à ce titre entre diverses communes des trois départements.

Voici le nombre et la nature des établissements dépendant de l'Assistance publique en Algérie :

Département d'Alger. — 2 hôpitaux, 4 hôpitaux-hospices, 1 hospice, 1 asile de convalescents, comptant ensemble 1.925 lits.

Département d'Oran. — 2 hôpitaux, 2 hôpitaux-hospices, 1 hospice, comptant ensemble 947 lits.

Département de Constantine. — 7 hôpitaux, 2 hôpitaux-hospices, 1 hospice, comptant ensemble 1.447 lits, plus 2 ambulances.

Le personnel de ces divers établissements comprend 61 médecins et chirurgiens, 151 religieuses, 138 employés, 243 servants et servantes.

Il existe en outre en Algérie, 61 hôpitaux militaires dont deux thermaux et deux infirmeries de garnison. Ils reçoivent également les malades civils.

Institut Pasteur. — La rage faisant de nombreuses victimes en Algérie, les pouvoirs publics et les corps élus s'étaient préoccupés dès longtemps de cette situation ; l'envoi des personnes mordues à l'Institut Pasteur de Paris constituant une charge également lourde pour l'Etat, les départements et les communes, on se résolut enfin à créer un institut antirabique à Alger.

Cet établissement fonctionne dans les meilleures conditions, comme annexe de l'hôpital civil de Mustapha. En 1897, le nombre de personnes traitées a été de 326 ; on n'a constaté seulement que deux cas pour lesquels le traitement antirabique a été inefficace.

Les services en fonctionnement à l'Institut sont les suivants :

La rage, la vaccination animale, les analyses bactériologiques, le claveau ; le service anticharbonneux est prêt à livrer du vaccin ; la tuberculine est à la disposition du public ; enfin, le sérum antidiphtérique et le sérum antitétanique peuvent subir la dernière phase de leur préparation à l'Institut.

Hôpitaux indigènes. — Dans le but de familiariser les indigènes avec nos institutions hospitalières, le Gouvernement a décidé, il y a quelques années, la création d'établissements spécialement réservés aux malades musulmans, qui d'ailleurs étaient et sont encore reçus dans les hôpitaux ordinaires.

L'expérience a pleinement réussi. Il existe actuellement cinq hôpitaux créés pour les indigènes : aux Beni-Menguellet, commune mixte du Djurdjura ; à El-Arris, commune mixte de l'Aurès ; à Biskra, à Ghardaïa et à El-Abiod-sidi-Cheik, cercle de Géryville.

L'exploitation des hôpitaux indigènes est confiée aux Dames des Missions d'Afrique. La plus grande partie des dépenses est supportée par le budget de l'Assistance publique ; les communes du domicile de secours n'ont à leur charge qu'une redevance de 25 centimes par journée de malade.

D'autre part, on généralise dans tous les hôpitaux un régime alimentaire spécial aux indigènes, que ceux-ci accueillent avec satisfaction et qui diminue le prix de revient de la journée.

La syphilis exerce de grands ravages parmi les indigènes. Pour remédier à cette situation, on a préconisé la vulgarisation du traitement par l'iodure de potassium, qui donne d'excellents résultats. Par analogie avec ce qui est pratiqué pour la distribution du sulfate de quinine, l'iodure de potassium est livré sans frais aux malades pauvres indigènes, sur avis du médecin de colonisation et par l'intermédiaire de la commune.

Depuis le mois de juillet 1897, un poste de sage-femme a été institué dans chacun des hôpitaux indigènes ; les sages-femmes sont placées sous la direction des médecins et la surveillance de la supérieure. Elles ont dans leurs attributions d'enseigner aux matrones indigènes, qui peuvent être attachées temporairement aux établissements, la pratique des accouchements, la vaccination et les soins à donner aux enfants et les pansements.

Aliénés. — Les aliénés et paralytiques des deux sexes, ainsi que les idiots et crétins sont reçus provisoirement dans les hôpitaux civils et militaires, puis dirigés sui des établissements spéciaux de la Métropole (Aix, Albi, Ste-Marie-l'Assomption), où ils sont entretenus aux frais de leur département. Depuis 1882, un certain nombre d'idiots et épileptiques sont reçus à la maison de refuge de Beni-Messous, près d'Alger, où ils forment actuellement une section spéciale.

En 1896, on a compté 864 aliénés entretenus aux frais des départements, dont 809 dans les asiles de France et 55 au dépôt de Beni-Messous. Sur ce nombre il y avait 477 français, 225 musulmans, 69 israélites indigènes et le reste de nationalités diverses Pour le sexe, ce nombre se partage entre 481 hommes et 328 femmes.

Au 31 décembre 1896, on comptait à la section spéciale de Beni-Messous, 49 idiots et épileptiques, dont 15 hommes, 19 femmes, 10 garçons et 5 filles

Enfants assistés. — Les enfants assistés sont subdivisés en quatre groupes distincts, savoir : 1° les *enfants trouvés*, c'est-à-dire ceux qui, nés de père et de mère inconnus, ont été trouvés exposés dans un lieu quelconque ou portés dans les hospices destinés à les recevoir ; 2° les *enfants abandonnés* qui, nés de père et de mère connus, et d'abord élevés par eux ou par d'autres personnes, ont été ensuite délaissés sans que l'on put recourir à eux à raison de leur indigence absolue, d'infirmités graves, ou d'autres circonstances spéciales ; 3° les *orphelins* ; 4° les *enfants secourus chez leurs parents* ou dont des tiers se sont chargés moyennant secours.

La statistique triennale indique les chiffres suivants au 31 décembre 1896 :

Enfants trouvés, 227 garçons, 203 filles ; enfants abandonnés, 375 garçons, 367 filles ; orphelins, 455 garçons, 466 filles ; enfants secourus à domicile, 410 garçons, 372 filles.

Les dépenses faites pour ces diverses catégories s'élèvent, pour 1896, à la somme de 294.548 francs.

Protection des enfants du premier âge. — L'impulsion donnée à la loi Roussel augmente de jour en jour. Beaucoup de municipalités ont compris les bienfaits de cette loi et facilitent la tâche de l'Administration départementale.

Dans les chefs-lieux le service de protection est assuré par des médecins inspecteurs ; dans les communes du département les enfants du premier âge sont visités par les médecins communaux ou de colonisation. A Alger, un agent de la police indigène est spécialement chargé de rechercher les nouveaux domiciles des nourrices indigènes récalcitrantes.

L'allaitement au sein est presque exclusivement employé, notamment dans le département d'Alger ; l'usage du biberon est très exceptionnel.

Il existe des bureaux de nourrices régulièrement autorisés et des crèches à Alger, Mustapha, Blida, Oran, Constantine, Bône et Philippeville.

Conformément à la loi, un comité départemental est institué dans chacun des trois départements et se réunit à des époques variables.

Des secours sont annuellement votés par les Conseils généraux des trois départements pour les filles-mères.

Orphelinats. — Il existe en Algérie dix orphelinats dont deux sont spéciaux aux garçons, cinq aux filles et trois sont mixtes. Outre les enfants qu'ils recueillent eux-mêmes, ces établissements reçoivent des enfants assistés. Au 31 décembre 1896, on comptait : enfants entretenus aux frais des familles, 121 garçons, 178 filles ; enfants assistés : 63 garçons, 53 filles ; enfants recueillis par l'établissement : 85 garçons, 362 filles.

Bureaux de bienfaisance. — Les communes importantes d'Algérie sont toutes dotées de bureaux de bienfaisance. Ceux-ci sont au nombre de 34, répartis dans les trois départements. Alger a un bureau de bienfaisance européen et un bureau de bienfaisance musulman.

Les ressources des bureaux de bienfaisance proviennent : des revenus des biens immeubles ou des capitaux placés en rentes ; produit des ventes de biens, meubles ou immeubles ; concessions dans les cimetières ; subventions de l'Etat, des communes et extraordinaires ; droit des pauvres (spectacles, bals, concerts) ; produit des quêtes, troncs, etc., dons et legs ; recettes diverses.

Les secours distribués consistent en aliments, vêtements et literie, médicaments et soins médicaux, secours divers en nature, en argent, rentes viagères et bourses d'apprentissage. En 1896, le nombre des individus secourus a été de 20.106 ; le nombre de secours accordés de 176.064 ; les recettes générales ont été de 407.292 francs ; les dépenses générales ont été de 341.348 francs et les placements effectués de 996.505 francs.

Les secours par nationalité se répartissent de la manière suivante : Français 4.673 ou 23, 24 0/0 ; européens 9.937 ou 49,23 0/0 ; musulmans 4.551 ou 22,63 0/0 ; israélites indigènes 945 ou 4,90 0/0.

Le bureau de bienfaisance musulman d'Alger a été spécialement autorisé à recevoir des musulmans des dons et des legs consentis suivant les formes de la loi musulmane.

Les secours distribués sont ordinaires et annuels, ou extraordinaires et temporaires. Les ressources consistent dans les produits des subventions et dotations, des dons et des legs, et dans celui des quêtes, collectes, souscriptions et troncs placés dans les mosquées et zaouias, et dans les droits perçus sur les fêtes et réunions indigènes publiques et sur les cafés maures ayant musique ou spectacles indigènes.

Indépendamment du service des secours proprement dits, ce bureau est chargé de divers établissements d'assistance musulmans crées à Alger depuis 1854. Ces établissements se composent : 1° d'une maison d'asile ou de refuge pour les vieillards et incurables indigènes des deux sexes ; 2° d'une asile de nuit ; 3° d'un orphelinat annexe pour les enfants musulmans de la commune (garçons et filles), orphelins ou abandonnés.

Le total des recettes de toute nature effectuées par ce bureau en 1896, s'est élevé à 122.105 francs ; ses dépenses à 108.154 francs.

Il a distribué en aliments, 6.080 francs, en vêtements et literie, 200 francs ; en médicaments et soins médicaux, 300 francs ; en argent, 65.000 francs ; en rente viagère, 30.845 francs ; en bourses d'apprentissage, 14.810 francs.

Ses placements ont été en immeubles, de 652.000 francs, en rentes de 145.477 francs.

Le nombre des musulmans secourus a été de 1.364.

Dépôts de mendicité. — Il existe en Algérie deux dépôts de mendicité ou maisons de refuge. Dély-Ibrahim (Beni-Messous), département d'Alger et à El-Arrouch, département de Constantine.

Le mouvement de la population dans ces deux établissements se décompose comme suit, pour l'année 1896 :

Condamnés pour délits de mendicité, 53 ; admis sur la demande des communes, 55 ; ouvriers sans travail admis, 994. Ces établissements reçoivent aussi les enfants assistés (garçons) placés temporairement au dépôt par mesure de correction.

Tous les hommes valides sont occupés ; les travaux consistent en défrichements, plantations de la vigne et des arbres, travaux agricoles, entretien de la route, extraction et transport de la pierre, confection des objets de menuiserie et de ferronnerie nécessaires à l'établissement, etc.

Monts-de-piété. — Le nombre des monts-de-piété existant en Algérie est de trois, Alger, Oran et Constantine ; mais celui-ci, récemment créé, n'est pas compris dans les chiffres indiquant les opérations de ces établissements pour l'année 1896.

Le nombre d'articles engagés a été de 148.488 ; le

total des prêts s'est élevé à 2.627.393 francs ; le nombre d'articles engagés a été de 124.536, pour une somme de 2.163.147 francs ; il y a eu 57.566 renouvellements pour une somme de 1.804.796 francs.

Au point de vue de la nationalité, les emprunteurs se partagent en : européens, 10.985 ; isrélites, 44.109 ; musulmans, 60.960.

Nombre d'engagements au-dessous de 5 francs, 53.193 ; de 5 à 10 francs, 45.373 ; de 11 à 25 francs, 30.546 ; de 26 à 50 francs, 10.046 ; de 51 à 100 francs, 5.939 ; de 101 à 500 francs, 3.188 ; de 501 à 1.000 francs, 157 ; au-dessus de 1.000 francs, 46.

Au mont-de-piété d'Alger le taux de l'intérêt, droit de prisée et tous autres frais s'élèvent à 7.50 0/0.

Au mont-de-piété d'Oran à 10,50 0/0.

Les monts-de-piété d'Algérie fonctionnent sous la surveillance et la garantie de l'autorité municipale.

Le décret qui les a constitués décide que leurs bénéfices doivent profiter aux établissements de bienfaisance ; mais jusqu'à présent ils ont été affectés à la réduction du taux de l'intérêt, à l'amortissement des constructions et à la constitution de la dotation.

Ils ont des correspondants dans les villes les plus importantes, ils font aussi des engagements secrets.

Hygiène. — Il a été constitué au chef-lieu de chacun des départements de l'Algérie, un conseil d'hygiène et de salubrité publique présidé par le préfet ou un délégué du préfet.

Des commissions d'hygiène publique ont été instituées dans la plupart des villes, présidées, en territoire civil par le maire, en territoire militaire par l'officier qui en remplit les fonctions.

Les conseils ou commissions d'hygiène publique et de salubrité donnent leur avis sur toutes les questions relatives à l'hygiène publique qui leur sont soumises par l'autorité civile ou militaire.

Service sanitaire maritime. — Les provenances de toutes les localités déclarées contaminées par des maladies épidémiques sont soumises dans les ports d'Algérie aux mesures d'inspection, visite médicale et désinfection prescrits par le règlement sanitaire.

Il existe un lazaret au Cap Matifou, près Alger.

Assistance privée

La charité privée a institué, en Algérie, de nombreux établissements de bienfaisance de nature diverse. Ils sont généralement administrés avec une grande régularité et aident puissamment à l'œuvre sociale dévolue à l'assistance publique.

On doit, notamment, mentionner les crèches laïques qui, grâce à l'admirable dévouement de quelques dames, rendent de très grands services à la population laborieuse des grandes villes comme Alger, Mustapha, Oran, Constantine, Bône et Philippeville.

Il convient aussi de citer l'asile des vieillards, à la Bouzaréa, près Alger, desservi par les petites sœurs des pauvres et fondé par le cardinal Lavigerie ; la maison des sœurs de la Miséricorde à Alger ; l'asile des vieillards (femmes) à Misserghin, Oran ; la maison de refuge du Bon-Pasteur, à Misserghin ; l'orphelinat d'Alsace-Lorraine et des colons, à Constantine ; l'hospice Coll, à Philippeville ; la Société humanitaire à Alger, œuvre d'assistance par le travail, etc.

Une œuvre de bienfaisance qui, entre toutes, rend des services signalés, c'est l'*Œuvre de la Bouchée de Pain et du Refuge de Nuit*, placée sous le patronage de la municipalité et de la presse d'Alger. Quelques chiffres en montreront l'utilité.

Pendant l'année 1898, le nombre des malheureux de toutes nationalités qui ont été secourus pendant cinq jours est de 8.300 ; le nombre des rations de soupe et de pain distribuées a été de 83.487. Le nombre de malheureux reçus au Refuge de Nuit pendant cinq nuits a été de 2.544 ; à ses frais l'œuvre a donné asile, dans les hôtels de la ville, pendant trois jours, à 41 femmes. Elle a distribué, en outre, 291 pièces de vêtements et 490 chapeaux ou casquettes.

Les ressources de l'œuvre sont constituées par des subventions du Conseil général (1.000 francs), de la municipalité d'Alger (1.000 francs), et surtout par les dons en nature et en argent des personnes charitables. En 1898, les recettes de l'œuvre ont été de 11.092 francs et ses dépenses de 14.065 francs. Son restant en caisse était de 24.789 francs.

L'œuvre est en instance pour être reconnue d'utilité publique, ce qui lui permettra d'encaisser certains legs qui lui ont été faits.

La municipalité d'Alger a créé un refuge de nuit, installé dans le haut quartier de la ville, spécialement destiné aux indigènes. Des sociétés de dames de charité existent dans presque toutes les villes un peu importantes de l'Algérie. En outre, dans certaines villes, à Alger notamment, fonctionnent des œuvres particulières de bienfaisance, sous des vocables divers, rattachées aux paroisses. Dans les villes d'Algérie où existent des consistoires israélites, ceux-ci constituent, outre leurs fonctions religieuses, de véritables bureaux de bienfaisance.

Les consistoires protestants font de fréquentes aumônes qu'ils distribuent indistinctement aux malheureux.

Parmi les œuvres d'assistance privée doivent figurer encore les comités de l'Union des Femmes de France : à Alger, le comité fait des cours gratuits de pansements aux blessés ; la Société Helvétique d'Alger ; les Hospitaliers d'Afrique ; l'OEuvre des Enfants Tuberculeux, à Alger ; diverses sociétés d'employés d'administrations, des chemins de fer, des anciens militaires ; d'anciens élèves du Lycée et de différentes écoles, etc., etc.

Des fourneaux économiques, qui rendent de grands services à la classe pauvre, subventionnés par le département et par les municipalités, fonctionnent à Constantine, Bône et Philippeville ; une institution analogue fonctionne à Mustapha sous le nom de Soupe Populaire.

Sours-muets et jeunes aveugles. — Depuis quelques années, il a été créé à Alger une école de sourds-muets. Elle reçoit 38 élèves, 21 garçons et 17 filles. Le département de Constantine y entretient 4 boursiers. Le département d'Oran envoie les jeunes sourds-muets à Chambéry et à Bordeaux. Les trois départements envoient les jeunes aveugles à l'institut des aveugles de Paris.

Société protectrice des animaux. — Il existe une société protectrice des animaux à Alger et une à Oran.

Les chantiers de charité. — Sous ce nom on désigne en Algérie les chantiers ouverts sur les routes dans les années où la disette a sévi parmi les tribus à la suite du manque de récoltes causé par la sécheresse ou les sauterelles. Les travailleurs indigènes et des européens, moins nombreux, y sont employés à l'empierrement ou au terrassement des chemins et des routes. L'Etat et le département allouent annuellement des subventions à ces chantiers où la moyenne du prix de la journée est de 1 fr. 25.

INSTITUTIONS DE PRÉVOYANCE

L'épargne en Algérie. — La mutualité. — Les sociétés amicales. — Les caisses d'assurances et de retraite officielles
et privées. — La prévoyance chez les indigènes.

Caisses d'épargne. — Il existe en Algérie, comme
en France, deux sortes de caisses d'épargne : les
caisses d'épargne privées et la Caisse Nationale
d'épargne.

L'initiative de la création des caisses d'épargne
privées appartient aux conseils municipaux et l'institution en est prononcée par décret, après avis
conforme du Conseil d'Etat. Il existe en Algérie sept
caisses d'épargne : à Alger, Oran, Mostaganem,
Tlemcen, Constantine, Bône, Philippeville.

Les receveurs des postes et les percepteurs sont
autorisés à recevoir des versements et à effectuer des
remboursements pour le compte des caisses d'épargne
de leur département.

Au 31 décembre 1897, le nombre de livrets existant dans les sept caisses d'épargne était de 15.324 ;
le chiffre des dépôts s'élevait à la même date à
4.997.988 fr. 72.

En 1898, le nombre de déposants nouveaux se
décompose ainsi par nationalité : français, 966 ; israélites, 30 ; musulmans, 21 ; européens, 259 ; sociétés, 8.

Les déposants ont droit à un intérêt de 2,75 0/0 par
an. Le compte ouvert à chaque déposant ne peut
dépasser 1.500 francs.

La Caisse Nationale d'épargne, connue sous le nom de caisse d'épargne postale, est placée sous l'autorité du Ministre des finances. Tous les bureaux de poste, en Algérie, participent aux opérations. Cette caisse sert aux déposants un intérêt de 2,50 0/0 l'an.

Pendant l'année 1897, les opérations de la Caisse Nationale d'épargne en Algérie, ont été les suivantes : nombre de versements, 89.004 ; montant des versements 9.698.569 francs ; nombre de remboursements, 45.490 ; montant des remboursements 7.971.996 francs.

Les caisses d'épargne scolaires, assez nombreuses en Algérie, ne se développent plus depuis l'établissement de la Caisse d'épargne postale.

Sociétés de secours mutuels

La mutualité a été un peu lente à se développer en Algérie ; mais depuis un certain nombre d'années elle a pris un véritable essor et maintenant il existe des sociétés de secours mutuels dans toutes les villes un peu importantes ; les indigènes commencent eux-mêmes à en apprécier les bienfaits.

Il existe actuellement 60 sociétés de secours mutuels en Algérie, dont 24 dans le département d'Alger, 14 dans celui d'Oran et 22 dans celui de Constantine.

Toutes ces sociétés comprennent des membres participants et des membres honoraires. Elles assurent les soins du médecin et les médicaments aux membres participants malades ; elles leurs payent une indemnité journalière pendant la durée de la maladie ; elles pourvoient à leurs funérailles et accordent, dans certains cas, des secours extraordinaires ; quelques-unes constituent une caisse de retraite pour la vieillesse.

Le nombre global des sociétaires est. de : 1.884 membres honoraires ; 4.856 membres participants hommes, 1.307 femmes et 536 enfants.

L'avoir général de ces sociétés est tout près de 700.000 francs, les fonds de retraite atteignant environ 300.000 francs ; le nombre des sociétaires secourus pour la maladie est en moyenne dans l'année de 3.000 ; le total des recettes de 170.000 francs et celui des dépenses de 160.000.

Au 31 décembre 1896, l'avoir disponible des sociétés se décomposait ainsi : en caisse, 58.861 francs ; à la Caisse des dépôts et consignations, 304.605 francs ; rentes sur l'Etat, 50.470 francs ; total, 413.936 francs. Leurs fonds de retraites s'élevaient à la somme de 260.133 francs ; elles payaient 37 pensions, dont le montant était de 3.395 francs.

Au point de vue de la nationalité les membres participants se partagent ainsi : Français, 5.065 ; européens, 939 ; israélites, 133 ; musulmans, 26.

A côté des sociétés de secours mutuels, il convient de signaler l'existence d'un assez grand nombre de sociétés formées généralement dans les chefs-lieux des trois départements et réunissant les originaires de certains départements de la métropole. Sans avoir pour but la mutualité proprement dite, elles n'en sont pas moins dans une certaine mesure des sociétés d'assistance mutuelle, donnant leur appui moral et matériel, quelquefois même des secours en argent, à des compatriotes dans l'embarras, les aidant à s'établir dans la colonie. En principe, toutefois, elles se proposent uniquement de resserrer les liens d'amitié entre originaires du même département et de festoyer en commun à certaines époques de l'année.

Quelques sociétés de secours mutuels ont commencé par être exclusivement des sociétés amicales et se sont transformées par la suite.

Le nombre de ces sociétés amicales, formées d'originaires des mêmes départements de France, s'augmente fréquemment de nouvelles unités ; elles sont particulièrement nombreuses à Alger et, avec les sociétés de secours mutuels formées d'originaires des mêmes départements, comprennent à peu près toutes les provinces de la métropole.

La Caisse nationale des retraites pour la vieillesse fonctionne en Algérie dans les mêmes conditions qu'en France. Les instructions y relatives sont distribuées gratuitement sous forme de notice, dans les bureaux des comptables directs du Trésor, dans les bureaux de poste, etc.

Caisses de retraites diverses. — Au moyen des retenues opérées sur les traitements des agents départementaux et versées à la Caisse des dépôts et consignations, une caisse de retraite a été instituée en faveur de ces agents, dans chacun des départements d'Alger, d'Oran et de Constantine.

Ces caisses sont subventionnées respectivement par chacun des trois Conseils généraux.

Une caisse de retraite est instituée à Alger pour les employés communaux, y compris le personnel de la police.

Des comités locaux de l'œuvre de l'Orphelinat de

l'Enseignement primaire existent dans les départements d'Alger et de Constantine. Ils comprennent un grand nombre d'instituteurs et d'institutrices. L'œuvre a pour but d'assister, de recueillir et d'élever les orphelins des membres de l'enseignement primaire. La cotisation des membres participants est de 3 francs par an.

Les sociétés de prévoyance bien connues en France ayant pour but d'assurer à leurs membres une retraite pour la vieillesse, dans des conditions variables mais se ressemblant beaucoup, ont des sections en Algérie : Telles sont les Prévoyants de l'Avenir, la France Prévoyante, l'Avenir du Prolétariat.

Les avantages réservés aux particuliers en France par les deux caisses nationales d'assurances *en cas de décès* et *en cas d'accidents* ont été étendus à l'Algérie.

A noter également quelques sociétés d'ordre spécial, telles que, à Oran, la Tirelire, la Caisse d'épargne des retraités, la Société des Retraites civiles et militaires, Société des instituteurs et institutrices de Constantine, etc.

Sociétés indigènes de prévoyance

Une institution de prévoyance qui n'a pas de similaire dans la métropole est celle des *Sociétés indigènes de prévoyance, de secours et de prêts mutuels.*

En voici la définition telle que l'a faite M. Bourlier, ancien député d'Alger, à la Chambre des députés :

« Instrument très simple qui, depuis son origine, et grâce au dévoûment digne d'éloges des administra-

teurs civils et militaires, a rendu les plus grands services sous les noms de Silos de réserve, Sociétés de
réserve, Sociétés de crédit et de secours, Silos des
pauvres, Sociétés indigènes de prévoyance et de prêts
et qui, comme le faisait remarquer avec juste raison
M. le Ministre de l'Agriculture, a rempli avec succès
tout à la fois le rôle des sociétés d'assurances, de
secours et de crédit mutuel agricole. Remarque bien
digne d'attirer l'attention, la pensée qui a entraîné
les indigènes vers ces institutions diverses n'a jamais
varié : elle a été avant tout charitable. Aucune idée
de lucre, de profit autre que celui qui résulte du
bénéfice du secours ou du prêt n'a dirigé un seul
instant les sociétaires. Aucun d'eux n'a davantage
imaginé que le versement de sa cotisation pouvait
lui donner droit, à un titre individuel, à une action
produisant un revenu. »

A la fin de 1897 il existait en Algérie 78 sociétés
indigènes de prévoyance, dont 20 dans le département d'Alger, 18 dans le département d'Oran, 34 dans
celui de Constantine et 6 dans la division d'Alger. Le
nombre des sociétaires était de 250.244. Les capitaux
qu'elles possédaient s'élevaient à la somme de
3.227.509 fr. 03 ; les fonds prêtés à 2.131.176 fr. 21.
L'estimation en argent des grains possédés en silos
s'élevait à la somme de 477.277 fr. 58 ; celle des
grains prêtés à 298.263 fr. 75. Le montant total de
l'actif possédé par les sociétés s'élevait à 6.278.933 fr. 14.

Syndicats professionnels

Le mouvement syndical ouvrier ne s'est prononcé
en Algérie que vers 1879 d'une manière marquante.

Alors, à Alger surtout, d'assez nombreux syndicats ouvriers se créèrent. Quelques-uns n'eurent qu'une existence éphémère, disparurent, puis se reconstituèrent pour disparaître encore. D'autres se maintiennent et comptent vingt années d'existence sans interruption.

C'est naturellement dans les chefs-lieux, où les agglomérations ouvrières sont relativement importantes, que les syndicats existent en plus grand nombre.

L'élément agricole n'est entré dans la voie du syndicat professionnel que plus tard et plus lentement; mais là le mouvement s'accentue de plus en plus et chaque année l'on compte quelques associations syndicales nouvelles.

Le commerce, lui aussi, a senti les bienfaits de l'association et commence à former des groupements qui jouissent tout de suite d'une influence sérieuse.

Les progrès de l'idée coopérative ne sont pas très importants en Algérie. On n'y connaît pas de société coopérative de production. Quant aux sociétés coopératives de consommation, elles y sont bien davantage connues et depuis longtemps déjà. Mais les premiers essais ont été généralement malheureux ; des tentatives ont été faites, à Alger notamment, pour créer des sociétés coopératives de consommation pour l'épicerie, la boulangerie et la boucherie ; elles ont toutes échoué et cela a jeté un certain discrédit sur l'idée coopérative elle-même.

Quoi qu'il en soit, il existe actuellement en Algérie plusieurs sociétés coopératives de consommation, qui paraissent fonctionner dans les meilleures conditions. Mais elles ne s'adressent pas à la généralité de la population ; elles sont le fait de groupements particuliers et leurs avantages ne profitent qu'à un nombre limité d'adhérents plus ou moins considérable. Telle, par exemple, la Société coopérative de consommation des employés du chemin de fer, à Mustapha, dont les opérations se chiffrent par des sommes très importantes.

Il existait en Algérie, au 31 décembre 1897, 75 syndicats professionnels, dont 16 de patrons. 45 d'ouvriers, 1 mixte et 13 agricoles. On en comptait 34 dans le département d'Alger, 17 dans le département d'Oran et 24 dans celui de Constantine. Tous ces syndicats sont constitués conformément à la loi du 21 mars 1884.

Le nombre des adhérents de ces divers syndicats est très variable, allant de 15 à 600.

La plus importante de ces associations est le Syndicat Commercial Algérien, dont le siège est à Alger et qui compte environ 600 membres. Il comprend les seize groupes suivants : 1° céréales ; 2° industrie, finance ; 3° liqueurs et spiritueux ; 4° transports ; 5° alimentation et commerce de détail ; 6° représentants et voyageurs de commerce ; 7° minoterie, semoulerie ; 8° vins ; 9° cuirs et peaux, laines, crins, huiles, lièges et écorces ; 10° génie civil ; 11° entrepreneurs de travaux ; 12° limonadiers, brasseurs et restaurateurs ; 13° denrées coloniales en gros ; 14° imprimeurs, libraires, papetiers ; 15° bois et matériaux de construction ; 16° machines agricoles, maîtres de forges, métaux, quincaillers. L'objet de ce syndicat est la défense et le développement du commerce et de l'industrie. Il justifie cette rubrique à tous les égards.

Au point de vue du crédit populaire, on ne connaît qu'une institution qui réponde à cette expression : c'est la *Banque mutuelle d'Alger*, association fondée il y a plus de vingt ans et qui a toujours fonctionné depuis, mais sans prendre un développement important, tel que semblerait devoir le comporter la situation économique du pays.. Cette institution a beaucoup de points de ressemblance avec les banques populaires fondées en Allemagne par M. Schulze-Delistch.

Bourses du travail

Il existe en Algérie trois bourses du travail : à Alger, à Constantine et à Oran. Elles ont pour but de fournir un siège social aux syndicats, de recevoir les offres et demandes de travail, de contribuer à l'instruction professionnelle des travailleurs par des cours et conférences, etc.

Le bureau de placement constitué par la Bourse du Travail d'Alger, notamment, a pris une extension considérable ; ses placements entrent en effet aujourd'hui pour un tiers dans l'ensemble des placements effectués à Alger. Pendant l'année 1898, elle a reçu 5.938 demandes et 3.428 offres de travail ; elle a fait 2.299 placements et 1.508 *extras*. Le placement étant absolument gratuit, la Bourse du Travail a par -suite économisé aux travailleurs une somme de 16.708 fr. 50 qu'ils auraient dû payer s'ils s'étaient servis de l'intermédiaire des bureaux de placement ordinaires. Un bureau spécial de placement pour dames, gratuit également, existe à la Bourse du Travail d'Alger.

Les Bourses du Travail de Constantine et d'Oran fonctionnent dans des conditions analogues, mais dans des proportions sensiblement plus restreintes.

Le nombre des syndicats inscrits à la Bourse du Travail d'Alger est de 26 ; à Constantine de 12 et à Oran de 6.

Conseils de prud'hommes

Il existe en Algérie six Conseils de prud'hommes, savoir : à Alger, Oran, Constantine, Bône, Philippeville et Sidi-bel-Abbès.

Pendant l'année 1897, ces Conseils ont été saisis au bureau particulier de 2.360 affaires ; le bureau général a été saisi de 787 affaires.

— Les litiges portés devant les Conseils de prud'hommes en Algérie sont de même nature que ceux qui sont soumis à cette juridiction en France.

LA VIE SOCIALE ET INTELLECTUELLE

L'Algérie, considérée au point de vue de l'économie sociale, ne se résume pas seulement dans ses institutions de crédit, d'assistance et de prévoyance qui, comme nous l'avons vu, ont pris un développement relativement important et marchent parallèlement. en somme, avec les progrès de la colonisation et de la civilisation sur cette terre d'Afrique si longtemps pays de barbarie et de piraterie.

Il y a lieu, aussi, de noter une autre manifestation d'ordre social : c'est l'existence dans la colonie d'une foule de sociétés et groupements divers, expressions multiples de la vie sociale et intellectuelle du peuple algérien.

Au premier rang se placent les sociétés de tir, la plupart fondées sous l'empire des préoccupations patriotiques que fit naître en France la funeste guerre de 1870. Auparavant, cependant, existait déjà la Société des Francs-Tireurs d'Alger, véritable association d'élite qui prit une part active à la répression de l'insurrection arabe de 1871 ; elle s'est transformée depuis, devenant la Société de Tir d'Alger. Elle compte un nombre considérable de membres, recrutés dans le monde des fonctionnaires, la bourgeoisie et le commerce. Les deux fêtes qu'elle donne chaque année, ainsi que son grand concours annuel de tir, sont de véritables solennités mondaines pour Alger.

Il a été fondé à Oran et à Constantine une Société de tir de l'Armée territoriale. Ces deux associations fonctionnent dans des conditions analogues à celles de la Société de Tir d'Alger.

Des sociétés de tir, d'une importance naturellement moindre, sont instituées dans les principales villes.

Viennent ensuite les sociétés musicales, musiques, fanfares, estudiantinas, orphéons, etc. Ces sortes d'associations sont très nombreuses ; il n'est pour ainsi dire pas de centre un peu populeux qui n'en compte au moins une. Dans les grandes villes, on en voit plusieurs. Le recrutement de ces sociétés s'opère plus particulièrement dans les milieux ouvriers, sans distinction de nationalité ; on rencontre parfois des indigènes parmi leurs membres.

Les sociétés de gymnastique sont également assez répandues ; Alger en compte plusieurs, dont une indigène ; il y en a trois à Oran. Dans plusieurs de ces sociétés l'escrime est également pratiquée.

Mais il faut nous contenter d'une simple énumération pour mentionner au moins le nombre et la nature des sociétés de diverse sorte existant en Algérie.

Les sociétés hippiques sont au nombre de 27 : dans le département d'Alger 6, plus la Société pour l'encouragement et l'amélioration de la race chevaline ; 10 dans le département d'Oran et 11 dans celui de Constantine.

L'agriculture, comme de juste, tient une place importante dans le nombre des associations. Il y a une société d'agriculture dans chacun des trois départements, dont le siège social est au chef-lieu ; des Comices agricoles à Alger, Boufarik, Douéra, Koléa, les Aribs, Médéa, Haut-Chéliff, Tizi-Ouzou, Marengo, Orléansville pour le département d'Alger ; à Mascara, Mostaganem, Sidi-bel-Abbès, Relizane, Tiaret, Saint-Denis-du-Sig, Zemmorah et Inkermann pour le département d'Oran ; à Bône, Bougie, Guelma, Philippeville, Sétif et Souk-Ahras pour le département de Constantine.

Ajoutons une société d'apiculture pour chacun des trois départements, une société d'horticulture à Alger et à Philippeville. Nous avons noté autre part les syndicats de viticulteurs et les syndicats agricoles.

Dans un autre ordre d'idées nous citerons : les sociétés des Sauveteurs à Alger et dans les principaux centres du littoral ; les sociétés de sport-nautique et de yachting ; la section de l'Atlas du Club Alpin Français ; des sociétés vélocipédiques, sous divers noms ; des sociétés lyriques et dramatiques dans les trois chefs-lieux ; des sociétés colombophiles ; des loges maçonniques de différents rites, à Alger, Oran et Constantine ; des sociétés s'occupant spécialement de la photographie.

Au point de vue des sciences et des arts, également, l'Algérie s'outille, si l'on peut employer ce terme, de plus en plus. Nombreuses déjà, et quelques-unes fort anciennes, sont les associations ayant pour objet exclusif l'histoire, les recherches archéologiques, les sciences et les arts en général. Nous mentionnerons les plus importantes.

A Alger, la Société Historique algérienne, très ancienne, dont les travaux considérables constituent un véritable monument élevé à l'histoire de l'Afrique du Nord ; la Ligue de l'Enseignement, la Société de

Géographie ; la Société des Beaux-Arts, des Sciences et des Lettres (peinture, musique, sciences et lettres, céramique) ; le Petit Athénée, société littéraire ; l'Alliance Française, comité d'Alger ; Ligue de propagande algérienne ; l'Association des Etudiants ; les Sténographes et Dactylographes algériens, etc.

A Oran, la Société de Géographie et d'Archéologie ; la Société de l'Enseignement par l'aspect ; la Société Littéraire, Scientifique et Artistique du département, les Cours industriels, etc.,

A Constantine, la Société Archéologique ; l'Académie d'Hippone ; la Société des Amis des Arts ; la Ligue de l'Enseignement, etc.

Enfin, à Alger, existe une association dite : Comité d'Hivernage Algérien, qui a pour but d'attirer dans la capitale des étrangers, hiverneurs et touristes, en leur procurant, surtout, des distractions variées. En hiver, le comité organise des fêtes de diverses sortes, batailles de fleurs, végliones, excursions, fêtes indi gènes, etc.

A Oran fonctionne le Syndicat d'initiative de l'Oranie, qui a plus particulièrement pour objet de faire de la propagande en France en faveur de la colonisation du département.

Nous n'avons pas besoin de parler de la Presse, autrement que pour dire que si le nombre des journaux politiques est très grand, considérable aussi est celui des publications purement scientifiques et littéraires.

Les grandes bibliothèques sont peu nombreuses. La première est la Bibliothèque Nationale d'Alger, qui compte 40,000 volumes et 1.900 manuscrits arabes ;

puis viennent la bibliothèque municipale d'Alger, la bibliothèque universitaire, etc..

Quant aux bibliothèques pédagogiques, on en compte 23 en Algérie et 25 succursales ou annexes. Le nombre des bibliothèques scolaires atteint près de cinq cents avec 80.000 volumes environ.

CONCLUSIONS

Nous nous sommes rigoureusement astreint dans ce
travail, que nous avons fait aussi substantiel que
possible, à n'exposer que des faits, des constatations,
des chiffres, sans entrer dans des discussions, ni nous
lancer dans des théories. Mais on a pu voir, sans que
nous ayons besoin d'insister, que l'Algérie s'est largement ouverte aux voies économiques et qu'elle est,
aujourd'hui, pleinement lancée dans la voie du progrès. Tout permet d'espérer qu'elle y persévérera.

Nous ne saurions mieux terminer, pensons-nous,
qu'en reproduisant, comme dernière et éclatante
démonstration de la vigoureuse vitalité et des progrès
en tous genres de la colonie, un passage du discours
que prononçait le dimanche 21 mai 1899, M. Delanney,
Secrétaire général du Gouvernement de l'Algérie, en
présidant la distribution des récompenses aux expo-
sants du Concours général agricole d'Alger, clos le
même jour.

Ce haut fonctionnaire s'exprimait en ces termes :

« Aussi, messieurs, à mérite égal, existe-t-il en
« votre faveur des titres tout exceptionnels. Vous
« avez droit à une sorte de cote morale qui rehausse
« la valeur et la signification de vos efforts et vous
« rend dignes entre tous de la sollicitude des pou-
« voirs publics et de l'admiration des bons citoyens.

« Voilà avec quels yeux de l'esprit et du cœur, dans
« quels sentiments il convient de parcourir vos ex-
« positions.

« De même, doit s'imposer à la pensée la longue
« série des essais malheureux que représente la
« moindre des améliorations réalisées. Vous êtes, à
« ce point de vue, non seulement des audacieux,
« mais presque des téméraires. Tous les perfection-
« nements vous tentent. Vous savez en inventer au
« besoin. Et, si telle méthode ne vous paraît pas
« répondre au but que vous poursuivez, telle ma-
« chine, tel outillage à la tâche que vous avez entre-
« prise, vous n'hésitez pas à sacrifier les études faites,
« les capitaux engagés. Aucun déboire ne vous re-
« bute, et vous réussissez malgré tout. Il m'a même
« été dit, et je le crois volontiers, que l'on venait
« maintenant d'Europe en Algérie pour voir l'appli-
« cation de procédés nouveaux, qui remontent ainsi
« vers la source de laquelle la civilisation semblait
« devoir descendre ».